U0678371

跟我说爱我

刘文华 著

百花洲文艺出版社
BAIHUAZHOU LITERATURE AND ART PRESS

目 录

第一章　邂逅

　　单小双说，在城市，她唯一感到有意义的事儿是去那些绿地上尿尿。每当面对一丛花或一蓬草蹲下身子，肌肤与花叶亲密接触，一边嗅着植物的芬芳，一边滋出涓涓细流，她都会在尿与泥土作用出的一种氤氲而迷蒙的气息里闭上眼，陶醉，忘情，投入，俨然到了草木环绕的乡下，到了城市生活中最幸福的时刻。这才叫尿以致用，她跟我说，不仅节约了半盆乃至一盆冲尿的水，还变废为宝，减少了污染，直接把尿尿到了该尿的地方。日久天长，单小双满怀柔情地回望她润泽过的那些花啊草的，果真比别处的花草长势喜人，明显一派葱郁妖娆。目光及此，单小双难得一笑的脸上会浮出调皮而会心的笑意，甚至会滋生些许成就感，仿佛给城市做了多大的贡献。

　　你看到了吧，单小双比比画画又指指点点地说，在这儿，在那儿，还有那儿和那儿，我都什么过。

　　单小双这么给我说的时候，是在她的车上。我觉得她明显夸张了，一只耳朵里听一只耳朵里冒，并不全信。正是夕阳西下时分，火一样的霞光洒满车窗，洒在她红得发紫的头发上。我骨子里是个审美细胞匮乏的人，不以跟不上时尚的节奏为耻，动辄还爱吹毛求疵。对于满大街招摇来去的黄头发红头发绿头发紫头发，我有严重的心理障碍和抵触情绪，甚至有些许绝望。我们生活的这个叫濮阳的城市，经济还不够发达，但是车已经够多，动不动就堵，尤以早晚上下班时为最。单小双一边随波逐流地开着车，一边示意我向外边看。顺着她的手指望去，我看到连片的草坪和行道树，但看不出哪一片更好。它们站立在街道两侧，每每被我路过，又每每被我忽略。我不知这些司空见惯的植被会和单小双有关，也不知我哪一次路过的时候，她正蹲在其间卖力地尿尿。想到这儿我笑了，还没进一步想她的臀上腿间有没有草籽花瓣儿，脑后传来一个声音说，你都想哪去了？

也没想哪去。我叫她唬一跳，心想总不能这么多年过去，她还了然我的一举一动吧，忙从窗外收回来目光，胡乱搪塞说，我只是想到接受美学什么的，想到一个人要换一种心情打量没换心情前的事物，事物会呈现另一副模样。

行啊你，单小双也不回头，只从后视镜里乜斜我一眼说，好些年没见长学问了，还美学。

在此之前，我自觉不自觉地设想过我和单小双的很多种重逢，但没有一种符合眼下的情景。刚才下班时我发现自行车没了，在车棚里来回找了几遍也没找到。近期有一伙蟊贼盯上了我们报社的车棚，我一连丢了三辆自行车不说，还差点把同事江水莲的电动车也给丢了，后来才知道她骑着它采访去了。打电话给江水莲，这家伙嘻嘻哈哈地说，今天的采访对象真是太讨厌了，非要请她吃饭。她本来不想吃的，但人家把饭局设在了濮云路上的韩国烧烤店里，想想烤肉也不太难吃，只好凑合着赏他们一个脸算了。我说你又送人情又解馋的，不是把我晾起来了，我还怎么回家？她还嘻嘻哈哈地说，我正要给你电话呢，有口福同享，还回什么家啊。这儿正好有你几个比粉丝还宽的粉条儿，人家都想见见你，你打个的过来吧，要不我叫他们单位派车去接你。这是2010年9月，金融危机还没彻底过去，健忘的人们又大吃大喝上了。我不大习惯凑热闹，哼了声挂断电话，悻悻地走向回家的路。

家在城市西南头，转好几路公交车也转不到家门口去。再说眼下秋老虎猖獗，公交车上又吵又挤，与其颠来倒去地坐那不顺路的车，还不如在街上溜达着好。也是因为家离单位远，我平时恨不得把自行车当成电动车骑，当成摩托车骑，来来回回都风驰电掣的，见缝就钻，见车就超，决不允许谁的自行车骑得比我还快，从不曾有事没事地在街上溜达过。这次步行，始知溜达也是需要心情的。我没有心情，便走得嗓子冒烟，头上冒汗。不时有出租车司机在我面前减速，也不时有三轮车夫冲我笑一笑，我一概不理，还给自己打气说，我自己的路自己走，再长的路我也能走到头。这时我还不知道我正朝着一桩艳遇走去，知道了也许会迫不及待地加快步子，当然，你也知道的，欲速而不达，真要快了就可能与其擦肩而过了。

是的，我与单小双的见面还得推迟一会儿，至少还得再拐一个弯儿，这些步骤，一个都不能少。从开州路拐上昆吾路，我仍像个形迹可疑的家伙一样引人注目，一个皮笑肉不笑的三轮车夫还用上了盯梢的工夫，耐心地跟着我亦步亦趋。我恼怒了，一拧身拐上了濮月路。濮月路背街，车少人稀，看看身后，果然没谁再尾随着我了。一路上，尽管我抗拒了五个出租车司机和三个三轮车夫的友好，但却对一个兜售冷饮的女孩动了恻隐之心。那时她迎立在路边，笑眯眯地招呼我说，哥，看把你热得，吃块雪糕吧。我已过了在大街上举着一根冰棍儿吮来舔去的年纪，但依然对青春少女有好感，就问她有什么水。她掀开雾气腾腾的冰柜向我推荐着，说这个去火，那个降血脂，还有那个和那个，既解渴又清心明目。我不奢望一瓶水有恁大的功效，随便扒拉出一瓶冰红茶说，就这个吧。女孩不过20岁，却人小鬼大，不仅像老到的卖瓜王婆一样擅长自夸，还通晓口蜜腹剑术，见我拿的是一张5元的纸币，就又甜甜地笑了一下说，哥，你看，一瓶三块钱，两瓶就可以给你个优惠价，五块钱好了，我这会正好也没零钱找你哩。我之所以接受她得寸进尺的建议，也不是贪图什么折扣，说到底还是不忍拂了人家一个姑娘的美意。

两瓶冰镇的凉水下肚，热劲是有所缓解了，接下来就有点尿急。近来动不动尿急，动不动就往厕所跑，也不一定尿多少，但总是非常迫切地想尿。要是在单位还好，在家的话，势必遭到妻子的白眼和唠叨，说在单位喝的水，凭什么跑到家来污染空气？污染空气一说固然冠冕堂皇，但她老人家在意的，还是那半盆乃至一盆冲尿的水。妻子的理财态度是，不能开源的话，就得千方百计地节流。为此她在卫生间放了一大一小两个桶，外带一个改造成敞口的油葫芦，专盛洗衣洗菜的脏水，美其名曰在给子孙后代节约水资源哩。我如果在脏水也用完的时候如厕，她就会叫我等等，等她淘了米洗菜，洗了菜再涮拖布拖地。一系列流程下来，我早已捧上小腹，感到堤坝岌岌可危，有汗从两边额角渗出来，或者是尿也未可知。这也罢了，可气的是我妻子对我的努力合作并不承情，反会不冷不热地说，你的防线太差了，不攻自破。说，是不是又有啥事儿瞒着我？

妻子近来老这样，动不动就拿话敲打我。她怀疑我在外面藏着私房钱，甚至有若干个相好。我常想，天下应该没有比男人更蠢的家伙了，从自己的肌体上摘取一根肋骨造出女人来，造出多少孽缘祸端来！骨肉分离之疼痛不必说了，还要养她吃养她喝，终于养虎为患，骑在你头上作威作福，横挑鼻子竖挑眼中，你早已一无是处。请神容易送神难，你再想叫她变回肋骨试试，她不吃了你才怪。在马桶前捧着一泡尿磨嘴皮子是一桩痛苦的事，也是一桩有失体面有损风度的事，一看见她端着一盆脏水泼你的样子，你就尿也不是，不尿也不是了。所以通常情况下，能在外边尿的尿，我通常不带到家里去。

尿意是突如其来的，来在我刚刚路过一个公共厕所的时候，尽管倒过去两三百米就可以解决问题，但我不想走回头路，一点回头路也不想走。我说过这条路车少人稀，不光两旁楼高，树荫也多得暗无天日，看看路边墙根那儿塔松林立，绿草掩映的，环顾左右了一下，闪身拐了进去。我一边尿一边本能地觑着外边，即便装得再若无其事，也还是害怕有人过来看见了，却不知这里藏着人，不知自己的工作已影响到别人的工作。那人惊叫了一声，我也吓一跳，一叫一跳间，人家就提溜上裙子了。待单小双看清楚是我，我看清楚是单小双，我们都觉得这次尿出来的奇遇，可真是奇得太离谱，也太缺乏诗意了。

然后我们没头没脑地乱笑了一通。隔着许多年的光阴，也实在笑不出什么深意或名堂。单小双先从坤包里摸出纸巾，给我和她各一张擦了手，接着摸出一串钥匙来。我看见路边不远处的一辆红色宝马响了一声，方向灯也跟着明明灭灭地闪烁，又忍不住乐了。她小时候数学不好，算不清账，没想到到现在还是，开着高级轿车找隐蔽处撒一泡尿，耗去的油是多少？当然，人要是开上了宝马，大约已犯不着计较。单小双问我去哪里，她可以用车送送我。我原本想照实说回家的，一上到她冷气充足的车上，我就哪里也不想去了。单小双笑了，看了我一会儿说，好像变化也不大。这么多年过去了，咋还这么黏糊？

也不是黏糊，我双手搓了一下脸，装沧桑样说，而是一下子掉到了美女香车的温柔乡里，跟梦一样，你叫我适应适应。

单小双说别酸了，美女早迟暮了。

我这才留意了一下单小双的脸，熟悉中流露出那么多陌生。我看不出她敷的是什么牌子的化妆品，但要命的是，无论哪个国家进口的脂粉眼影口红，都无法抵挡时光的侵袭，都经不起透过现象看本质的打量。岁月无敌，即便是城市里，单小双见老了，单是眼角的鱼尾纹，就比我们分手乃至认识的年数还要多了。从她身上，我反观自己，怕是也好不到哪去。沧桑在那里明摆着，根本不用装。二十年了，我说，二十年的时间好漫长。

越过二十年的隔膜和尘埃，单小双显然也清楚自己经不起如此近距离的打量了，自顾自别过脸去，一边遮掩着戴上一副茶镜，一边发动了车。她又问我去哪，要不要找个地方坐坐。我想久别重逢，又是这么巧碰上的，是该找个地方叙叙旧。只是我拿不准这一叙，会叙出什么样的一个局面。

我确信，跟不跟单小双叙旧，我需要像哈姆雷特那样，耐下心来踌一踌躇。

第二章　打赌

在车上很不好踌躇。我还没拿定主意向左走还是向右走，手机就在裤兜里嗡嗡地震动起来，来电显示出一个简洁的字，妻。她问我怎么还没到家，饭都凉了。也不待我解释，又过渡到下一个问题上，儿子学校今晚开家长会，她说，你去还是我去？

我凝视着手机，就像凝视着一只险些断线的风筝，一颗试图开小差的心，又被手持线轴的妻子拽回。相对于现实琐碎的生活，虚幻的往事太轻飘了，我有些意兴阑珊，本想改个时间再约单小双，见车子驶过一个路口，正在车流滚滚中偏离家的方向，一时不好拐弯，也不好停下来，索性给妻子扯淡说，老师多是女的，家长会你就去开吧。有人请江水莲吃饭，她非要拉上我，烦得我都忘了跟你说一声了。

等我收了线，单小双呵了声说，还是长本事了，撒谎都不脸红了。

又说，有事你就去忙，不用管我。

也没事，我说，这不是已经请过假了。

尽管谎是因单小双撒的，但我仍不想再当她的面撒谎，为保险起见，我给江水莲发了条信息：要是有人给你电话问我，还说我们在一起吧。江水莲飞快地回复说，你刚才态度太恶劣了，我不管。稍停，她又追加一句话说，我说你怎么连韩国大餐都没心思吃，连粉丝团也不见呢，敢情是泡妹妹去了啊，哼。我和江水莲玩笑开得很乱，但关系一直没乱，不仅我妻子很信任她，她老公也很信任我，遇到不好推托的事，我们就这样互相打掩护。盯着她以牙还牙的"哼"字，我有点哭笑不得，她不会想到，单小双既不是妹妹，也不是姐姐，而是我的一位老师。

　　看着单小双换挡提速，我业已开起了倒车，径直回到1990年9月，回到我时读高二的墨水镇中学。墨水镇中学是一所没有希望的学校，三五年也送不出去一个大中专生，索性砍掉也便算了，却误人子弟上瘾，一个暑假过去，竟摇身一变成农中了。一伙跟校领导或镇领导沾亲带故的家伙，只突击培训了一下，便像一个个粉墨登场的小丑，半生不熟地教起农机维修、家电原理、动植物杂交一类乌七八糟的课程。我印象最深的是我们的班主任石悄悄，她教我们家电课程。明明是个冒牌货，偏偏装得学有专长，一会儿把一个收录机拆得七零八落，再也弄不出声，一会把一个电风扇组装得拼命摇头，吱哇怪叫着花腔百出。那时许多村庄都还没通上电，家电一类的课程，对我们来说还有些遥远。没了升学的压力和任务，于苟延残喘的学校可以保全脸面，于穷途末路的学生却是雪上加霜。

　　农中还有什么好学的？

　　作为农家子弟，我们对农事不说是苦大仇深，至少也有点提不起劲儿。我那时想转校；老车说他想去当兵；二壶、老一则说他们最喜欢的角色是王朝马汉，轻易不出场，出场必铡人，故想去学戏，以后就跟着那些草台班子走村串乡地卖唱去，或者铡人去。一时人心惶惶的，差不多都有了伺机撤退的念头。而我们意欲在撤退前给学校一点颜色看看，不甘心就这么白白地被它耍了。这都是战争电影看多了的缘故。电影上的一方撤退前，一定会来一番壮举，不仅把能带走的金银细软娇妻美妾悉数卷走，还非得把守不住的城池设施拆零散，不能叫另一方坐享其成。我们无金银细软娇妻美妾可卷，只能搞点恶作剧了。

老车说，他正在用雷管火药自行研制一种定时炸弹，一旦试验成功了，就把学校炸飞了去。雷管火药本身具备爆破性，而他特别想在其中掺上更重要的大粪元素，不光炸他个落花流水，还要炸他个臭名昭著。二壶、老一嫌他啰嗦，觉得倒不如趁个月黑风高的夜晚一把火把学校烧了，或把所有的门窗砸了，又直接又解气。我从小是个优柔寡断的家伙，从小被父亲告诫过一句话，当心你的手。我父亲识字无多，却从最日常的劳动生活中采撷积累了最鲜活的经验，并一一传授给我，只不过又多被我忘记罢了。独对这句话印象至深，是因为我小时候被一只美丽的胡蜂蜇伤过。我记得是初夏，父亲在给红薯翻秧儿，我在地头上乱跑着玩儿，逮了蚂蚱又捉瓢虫，连带着掐了一大把花，忙得大汗淋漓，不亦乐乎。有一个细腰肥臀的不明飞行物在我身边环绕，不仅花俏，还哼着好听的曲子。我的小脑袋跟着它转了好几圈，直到它落到我面前那片花上，才屏住呼吸，撅起屁股，张开双手扑了上去。结果两败俱伤，疼得我倒在地上打着滚哭。父亲飞也似的跑来，把我迅速肿胀的手指含到嘴里，又涂了些草汁，并把我的战利品——放生。当然，有些是没法放生了，比如那些花朵，又比如那对奄奄一息的瓢虫，一只被我弄折了腿，一只被我揪断了翅膀。父亲用那些花枝搭了个姹紫嫣红的小屋，然后搓搓手上的泥巴，一边小心翼翼地把瓢虫和胡蜂放到屋里一边对我说，这两只虫儿是一家人，正打算生个小宝宝。这只马蜂呢，正在给它的孩子找食吃。它是它家的顶梁柱，就像爹是咱家的主劳力，要是爹的胳膊断了，腿也瘸了，还有谁来养活你娘和你哩？迎着习习吹拂的南风，父亲就地取材，以草木昆虫为题，给我上了堂是非善恶的发蒙课，告诉我哪些花草止血消炎可食，哪些含刺藏毒致命；哪些虫儿是庄稼的朋友，哪些与人为敌。父亲说，有一点你要记住，千万当心你的手。在父亲看来，人天生一双手，是用来施与、传递、建设的，但手本身具备索取、占有、玩弄的倾向，而且后者较之前者力道更大，何苦还要有意识地搞破坏？我不想搞破坏，就另提出个抗议示威的主意，在学校最显眼处张贴告示，鼓动大家集体罢课。还没统一个具体可行的方案，单小双就出现在我们的生活中了。

　　比起石悄悄那些冒牌的行家里手，单小双是为数不多的科班生之一，教我们果木栽培嫁接管理技术。那年她刚从地区农校毕业，是从初中考上去的中专生。那时候的中专生比现在的研究生吃香，别管粮校卫校，即便一个县办的师范学校，只要你一跨进校门，户口就给你迁了，身份就给你改了，工作就给你派定好了，你从此跳出农门，一跃而成吃皇粮的国家干部了。墨水镇西南十余里处有三个呈品字形坐落的村庄，一为墨水，一为白沙，一为黄坡。听上去特色鲜明，实际上大同小异。三个村是墨水镇的边界，也是山东省的边界，从那儿再往南往西分别走两三里路，就是河南省的地盘了，属豫东，我们这里属鲁西。我和老车等人是墨水村的，单小双等人是白沙村的，我们另一个叫黄蒜薹的同学是黄坡村的。这里只说单小双。单小双一度成为我们那几个村庄的骄傲，我母亲常拿她说事，动不动就叫我向她学习。单小双刻苦学习的态度已被传为佳话，虽不是头悬梁锥刺骨那种，但也叫人闻之动容。说，一个大雪夜，单小双学习学得太投入了，出来解手，一只鞋子掉到了雪窝里，她只是拔出脚来就回屋做作业去了，根本没感到冷，直到她娘也去蹲茅坑时踢着了它，回屋发现女儿就那样光着一只脚挑灯夜战，都冻出血了还照样用功。我母亲每说到此都会心疼得流泪，仿佛单小双是她的女儿。连初三教过她数学的石悄悄也使劲儿往自己脸上贴金，说她早发现单小双是个好苗子，她就蓄了心培养，这不，还真给国家培养出了个干部。要是单小双领情，承认石悄悄慧眼识珠，进而对其感恩戴德，两人后来的关系不知会怎样。但单小双没有顺着她说，反而自行揭短，如实说自己以前最差的一门功课就是数学，即便考农校那年也只考了47分，险些就落榜了。单小双的澄清无疑有尊重事实的意思，但有些事实实在不宜尊重，随着大话的流产，石悄悄颜面不保，她再说什么蓄了心培养之类的屁话，岂不是要叫人笑死！也许就是这么小的一个过节，使得两人的关系从一开始就存下了芥蒂。但那是她们同事之间的事，姑且不管，属于我们的事是，单小双的出现是有几分示范效应的。她身体力行地告诉我们，即便学农也不是一无是处，进可以报考农专农大，退可以去当农艺师园艺师，或者像她这样，某一天站到讲台上。至于农中和农校的区别，我们一迷糊，也就懒得深究了。

　　单小双的出现还打破了我们圈定美女的标准。她可能比我们大个三岁两岁的，但至多不超过五岁，所以我们更愿意把她看成一个邻家小妹，而不是什么老师。在那之前，我们一致推举学习委员白梦娣为我们的班花，甚至校花，单小双一来，很多人都一股脑地把沉鱼落雁闭月羞花一类的陈词滥调从白梦娣身上转移到了她身上。那些天，只要一躺到寝室的床上，老车就拿她们两个比较。他跟我们说，白梦娣的美是有缺陷的，她虽然算得上明眸皓齿，身材也还高挑，但她的奶子太小了，像两个发育不良的果子挂在胸脯上，不仔细看都看不出来。我那时对于美女的认识还停留在表面上，只要睫毛长，眼里有水波荡漾，我就认为是美女，而老车已过渡到具备实用功能的乳房上了。

手是最好的尺寸，老车的手在空中虚握了握说，以握在手里满而不溢为最好。像白梦娣那样的，根本不够盈盈一握，还是单小双那样的瓷实，动感，握在手里有弹性。

二壶睡在我的上铺，老一睡在老车的上铺，他俩趴在床沿上，不小心有哈喇子流下来。我们一笑，两个人急中生智地掩饰说，那黄蒜薹的奶子最大，算不算最美？

又没见识了吧？老车不屑地说，黄蒜薹的奶子大是大，但太稀松疲沓了，鼓鼓囊囊的，摸起来手都腻得慌。

二壶撇嘴说，别吹了你，还腻得慌。

老一也撇嘴说，说得有鼻子有眼的，跟你真摸过一样。

老车说，我早晚能把她们摸了，你们信不信？

我们信怎样，二壶代表老一说，不信又怎样，未必你还敢打个赌儿？

一说到打赌，一寝室的人都来了精神，嗷嗷叫着起哄，要他们当众打赌。在二壶、老一乃至众多起哄者的眼里，老车不自量力，要是他运气好，天可怜见，能摸到黄蒜薹的乳房已够不容易的，把三个人的都摸了，尤其还能把大家视为金凤凰的单小双的乳房也摸了，就太痴心妄想了。老车原本是话赶话地说出来"你们信不信"的，那是他的一句口头禅，大约也只是过个嘴瘾，图个快活，不料覆水难收，被同学们推到墙角里去了。老车一梗脖子说，打赌就打赌，怎么打都行。当下群策群力，约定以三年时间为限，老车至少要当着我们其中两个同学的面摸到上述三个人的乳房，一年攻下来一个，否则就得请全寝室二十七个同学在学校东侧的鸳鸯楼集体涮一次火锅。反之亦然，如果他做到了，赌资就要落实到二壶、老一头上。后来又有同学嫌三年时间太长了，建议修订方案，分割目标，盆打了说盆，碗打了说碗，一年一结算，大家也好多聚几次。反正是没有影的事，参赌双方的态度都很踊跃，击掌，拉钩，盟誓，闹得沸反盈天。我后来常想，这场流里流气的嘴官司多么像一张大而无当的网，就那样潦草而任性地罩定了几个人的命运，改写了几个人的人生。

敲定了赌事，大家嘻嘻哈哈地散去。老车很快进入酣睡状态，嘴上打起呼噜，下边放起臭屁；睡在上铺的二壶、老一也开始习惯性地说起梦话，磨起牙来，不时有涎水滴落。平常我都是自己先睡着，那晚却没了心情，好半天睡不着，感觉身上每一个细胞都十分难受。老车的一席话严重损毁了白梦娣在我心中的淑女形象，我吃不准还要不要继续为她默默写诗。不闭上眼还好，一闭上，老车一双黑不溜秋的手就在一个个白生生水灵灵的乳房间游走，先是黄蒜薹的，再是白梦娣的，然后是单小双的。他痞着一张脸问我是否看清楚了，我揉了揉眼，他说没看清是吧，没看清我再给你摸一遍。他又倒过来摸，重新从黄蒜薹那儿开始。这次他加大了力气，不是摸，而是揉面团一样揉搓起来，把黄蒜薹那儿都抓瘪抓烂了，抓出了血。他也不管，嘻嘻地笑着去抓白梦娣的。白梦娣哭了，两手护着乳房乱藏乱躲，单小双也是。黄蒜薹扯着她血糊糊的胸脯说，老班老班，他疯了啊，你不救我怎么也不救救她们俩啊。

黄蒜薹这是在说我。我从小学一年级当班长，当了十年，所以被同学们戏称为老班。我深感失职，一个激灵从床上爬起来，挥拳捣到老车那张狞笑着的脸上说，狗日的老车你给我住手。

后来许多同学证实，他们从没见过我像那天一样愤怒，也从没想到我很少出手的拳头会那么厉害，只一下就把睡梦中的老车打黑了眼圈。高中那会儿我有个梦游的毛病，常常半夜起来，有时会穿齐衣服，有时则只穿着一条短裤，或疾走或徘徊，满校园兜圈子，然后没事人一样回来再睡，其间拐弯抹角的，既不会撞墙，也不会撞树。为此我身后曾尾随过老长一支队伍，从校长到班主任再到同学，见我也没招谁惹谁，又鉴于我平常表现还不错，好歹算个班干部，就让管寝室秩序的校工老秦多留意着点儿。当然，他们最主要的顾虑是，乡间传言不能惊动梦游的人，否则当场就可能猝死。校长据此还发了句感慨，弄不好，这孩子怕还真能成为一个诗人。

不用说，大家又把我那晚的表现当成梦里的行为了，只叫老车躲开，别招我惹我。老车那会儿睡得正香，想必也懒得跟一个梦中人较真，但白挨这么一拳他不甘心，无论我是不是还在梦中，至少他是醒了，摸摸脸，又茫然地搓了搓手说，我什么坏事都没干，你叫我住什么手啊？

我说你小子少给我装蒜，你早晚要把谁摸了？

你是担心白梦娣吧，老车有点明白过来了，一边往床角退一边继续套我的话说，我不摸她的还不行？

我说行，又说不行，那两个人的你也不能乱摸。

老车嫌我吃河水管得太宽，见我要急，又胡乱敷衍说，好，好，我都不摸，我都不摸了行了不？

然后他把头埋到被窝里，嘟嘟囔囔地去睡了。我因为阻止了一场惨剧，也心无挂碍地躺下睡了。事过多年，我都回忆不起来我那一夜的意识是不是清醒着的，有几分装，又有几分不装，但无论是梦中还是现实生活中，我都没能阻挡住老车，他的手愈伸愈长了。

　　我揍了老车一拳，也付出了代价。我在不经意间说出了心底的秘密，大家都知道我暗恋着白梦娣了。第二天，几乎满校园的人都对我挤眉弄眼的，传说我给白梦娣写了成百上千首的爱情诗。中学生早恋并不是从我这里开始的，我之所以备受关注，是因为我差不多是那所破落学校的一个小名人。我那时有点病态地喜欢着泰戈尔，几乎能从头到尾背诵《吉檀迦利》。那是一本那么不像诗的诗集，不按通常意义上的诗歌排行不说，还没有标题，首与首之间，只以数字排序，乍一看有连续性，实际上各自独立。现在想来，与其说我弄懂了他那些晦涩艰深的句子，不如说更醉心于他那种散漫而独特的表达形式。在情窦初开又懵懂的青春期，他这种自说自话的写作，多么适合一个少年倾诉他内心的躁动和叛逆。为赋新词强说愁中，我差不多每天都能写一首甚至数首所谓的散文诗，写满了一个本子又一个本子。那些年我写的诗，简直比泰戈尔还不知所云，大家只是胡乱叫好，现在又重新被一些好事者翻出来，指着上面的"女神"、"天使"，以及一个又一个的代词"你"说，你们知道这是指谁吗，这都是白梦娣，白梦娣，白梦娣。

　　白梦娣知道我爱她了，她幸福吗？

　　我看不出来，这让我无比痛苦。白梦娣原本跟我有说有笑的，这会儿却连个招呼都不打了，一低头就从我身边走了过去。我在时还好，一等我离开，男生们就在她后面起哄，女生们就在她后面嬉笑，更有老车这等唯恐天下不乱的家伙，冷不丁就拿腔捏调地冒出一句：我的女神啊，我的天使。我先前还可以以开班会的名义找白梦娣说说话，跟她单独待一会儿，现在连这些小把戏也不大好出手了。其间我又写过几首诗给她看，让她提意见。她只批了一行小字说，少写点诗吧，还是功课当紧。我揣摩着白梦娣的话，不知她是怎样想的，反正我的心态很复杂，既着急，又有几分窃喜，因为无论大家怎么起哄，毕竟澄清了一个基本的事实，那就是白梦娣这个仅次于单小双的美女，算是名花有主了。

　　说白梦娣美不过单小双也不公平，但单小双确实卓有成效地分流了大家投掷在白梦娣身上的目光，她比白梦娣更有资本包装自己。相对于白梦娣一身洗得褪色的蓝校服，一头并不出众的齐耳短发，单小双的一袭白衣白裙和一头披肩长发点亮了我们不少男生的眼睛，甚至包括那些单身或不单身的男教师的眼睛。不管课上还是课下，老车总是目光炯炯地盯着单小双看，但单小双很少拿正眼看他，她最先记住的，还是我和白梦娣等几个为数不多的班干部。这叫老车万分失落，他跟我们发狠说，不出三天，他就会叫单小双注意到他。又习惯性地问我们信不信。二壶不信，老一也不信，都说他吹牛，他就不屑地用了一个歇后语说，那咱骑驴看唱本，走着瞧。

　　老车一说到驴，我想起动物界的一些现象。为吸引异性注意，驴会拼命地嘶叫，孔雀会卖力地开屏，但他又不会突然间生出一对翅膀，或变出一条长尾巴来，何以能叫人过目不忘，所以我也不大信。那会儿，街面上正流行着姓名决定人生的说法，一本本印刷粗糙的《如何起个好名》的小册子风靡校园。书里书外一对照，我们几乎没一个满意父母给起的名字的，觉得它们又土又俗，索性我的名字我做主，纷纷改头换面了。动静小的，只在同学之间互相传唤，跟叫昵称一样；动静大的，都闹到派出所的户籍室去了。我自己一口气起了十几个笔名不说，连文静如白梦娣那样的女生也没能免俗。她是她家的第六个女儿，小名六妮，大名白梦弟。她父母的用心悲观且直白，想是料定自家的能耐使尽了，只能靠她给他们梦一个儿子来了。也是盼儿心切，都没好好想想自家的姓氏，白、梦、弟组合到一起，还不是白梦弟！结果第七胎孕育到三个月时不小心流产，八胎九胎则流成了习惯，到头来徒落一个笑柄，别说儿子，连闺女也生不出来了。正好赶上改名热潮，白梦弟成了白梦娣。我就是在她改名字的当儿注意上她的，一字之别，我觉得清秀了许多，卸去负担的同时，也回归了女儿本色。我想老车可能是受启示来了灵感吧，也要在自己的名字上做文章了。

　　老车本名车志清，好写又好记，在乡下来说，应该算个不错的名字。但现在老车不满意了，他把车志清那么好写的三个字改成笔画繁多的车轻轻了。白梦娣改了一个字是画龙点睛，他改两个字虽然更决绝彻底，但给人的感觉却是画蛇添足。车志清再简单，好歹也还有清天凌云志的意思，车轻轻该怎么解释？我们见他在一个练习本上把新名字写得龙飞凤舞力透纸背的，还一会儿繁体一会儿简体，问他什么意思呢，他摇头晃脑地跟我们说，恁看看咱这名儿阔绰不阔绰，大气不大气，一个名字里就三辆车，乖乖，三辆车哟！二壶、老一又打趣着问他都什么车。他目光远大地说，首先是一辆自行车，单小双那样的，飞鸽牌，至少得比你们几个的新；另一辆是摩托车，突突突，一加油门一溜烟儿；再一辆是拖拉机吧，就算手扶的也行。那时老车连一辆自行车也没有，回家或返校的路上，都是蹭我们的破车子，所以他目光再远大也不敢奢望有一天真的会富甲一方，好车任开，美女任骑。人生好多事都太邪门太说不清了，谁敢保证狗日的老车不会因为改个这么混账透顶的名字而改变了运气呢！

一改成农中，学校的风气说坏就坏了，三天两头有人逃课，去河里摸鱼，去野外捉兔子，去隐蔽处抽烟打牌吹牛皮，或者干脆说退学就退学了。为整肃校纪，及时掌握各个班级的生源流失情况，校长让每个老师上课前先点一下名。单小双的声音甜美又充满磁性，她喊到谁，谁就乐得站起来答一声，恨不得叫她点两次名。因为很多学生名字后面的两个字是重叠的，像车果果黄冰冰白蒙蒙什么的，老车擅自涂了老名字，把新名字忝列到全班最后，轮到单小双点他名的时候，果然遂了他的心愿，她想当然地以为他后面那两个字也是叠着的了。她先是声情并茂地喊了一声车轻轻，无人应声，却有不少人吃吃地笑起来，跟着把目光投到老车身上。老车很得意，他愿意这样处在注目的焦点，像个风云人物。单小双知道自己看错字了，情急中又加重语气喊了一声，车轻轻。这下全班同学都哄堂大笑了，老车还很沉得住气，一声不吭。单小双的脸一下子红了起来，她茫然地扫了大家一眼，又低下头喊，车轻轻。同学们真给笑翻了，坐在后面的几个家伙还打起了呼哨，嗷嗷怪叫。老车要的就是这个效果，急得我在下面踢了他一脚，示意他站起来，他还没事人似的，一脸无辜地坏笑。单小双的脸更红了，到临了都没喊对老车的大名。她怀疑自己压根就不认识那两个写得十分相像的字，也不敢轻易再喊了，环视了全班一眼，自己给自己找台阶下，这个同学是不是没来？好了，我们上课。

　　我来了，老车这才慢条斯理地站起来说，可是我一直没听见你叫我的名字哟。

　　这就是老车，为引起对方的注意，无所不用其极，比起驴的拼命嘶叫，孔雀的卖力开屏，到底还是他的招数更富于技术含量。老车那天出尽了风头，他摆布人的能耐也就此浮出水面，估计事情正像他预言的那样发展着。作为一个刚刚走上工作岗位的年轻教师，单小双怕是一辈子也忘不掉这次洋相百出的点名了。

　　单小双显然是记住老车了。她记住他的突出表现是，此后上课不再点名。被单小双温言软语地点一下名，响亮而殷勤地答一声，本来是不少同学的朴素而幸福的愿望，如今叫老车搅了局，男生们再看他的目光，就有些不满和责怨，女生们的目光则有些幸灾乐祸了。老车重拳击到了虚空里，还成了大家奚落取笑的对象，大概也始料不及吧。

　　活该。我们都这么说他。

　　太活该了。我们又说。

　　我们那时候的出行工具，多是金鹿牌的加重自行车，又大又笨，但憨实耐用，别说驮人，就是一头二百多斤的猪也没问题。它的后刹车还别出心裁地设在脚蹬子上，遇到紧急情况，倒着一蹬就停住，所以十分盛行。单小双之前，我们学校最好的自行车是石悄悄的，一辆半新不旧的永久牌自行车，28型。而单小双的居然是26型，且是新买的，链条和车身都闪闪发光，显得与众不同。所以老车梦想有一天也能有一辆这样的车子，并不惜为此而改名。单小双虽有一间兼做办公室的单身宿舍，但也常常回家，她骑着它来去，长发飘扬，长裙善舞，像一只鸽子飞翔在空中。

　　一个周末的下午，鸽子飞翔到中途飞不动了。单小双下车一看，刚才还弹性十足的后车轮胎，不知啥时瘪下去了。她弯腰检查了一下，也没检查出什么，只好悻悻地推着它走。自行车这种东西，骑着它是工具，推着它的话，再轻便也是个累赘。遇到路况不好，甚至得车人易手，反过来叫它骑你。一个衣着得体的年轻女子推着一辆车子走在乡间土路上是一桩很不得体的事，不少在田间干活的人为之侧目，进而对其评头论足。单小双很快出了一身汗，低头看见一身的草屑和土，沮丧得几乎要哭出来了。天色向晚，一个在路边浇地的家伙把水浇到了路上，一大片路面没入水中。这个好事又好色的家伙也就二十来岁，头发剃得光光的，胡子却留着，还穿着花格衫喇叭裤，嘴上叼着半根烟，手拄一把铁锨，嬉皮笑脸地盯住单小双说，俏妹妹这是去哪啊，用我背你过去不？

轻车熟路的单小双没想到会遇上这么一个碴儿，也不理他，低了头要从旁边地里绕过去。他伸手拽住单小双的车把说，这可是快熟了的豆子，你一踏还不给踏坏了。单小双怒目而视，但根本不起作用。这个家伙非但不把她的恼怒放眼里，还得寸进尺地晃了一下她的车铃说，到底是好车，铃声也好听啊。

单小双气坏了，一边夺车子，一边警告说，放开我，要不我喊人了。

看把妹妹急的，光头说，我只是想叫你去我庵屋里歇一会儿，你喊人干什么。来吧，歇一会儿，我背你回家。说着用手去摸单小双的手，单小双一躲，他就势把自行车提溜过去，径自向豆地深处的一个庵屋走去。车一离手，单小双害怕了，当下眼泪汪汪的，不停地跺脚搓手，差不多真成了个落难美人。

当天下午，一向爱出风头的老车没参与我们和高三的篮球比赛。一开始我们没找到他，后来他自己出现在操场边上，笑容可掬的，跟个弥勒佛似的。我们的士气再好，时间一长也吃紧，连几个女生都替补上阵了，老车还是没出手，只看着我们跟人家斗，偶尔叫一声好。鏖战正酣之际，他一把拉住我说，该走了，再不走就没法收拾了。我还没搞清什么状况，他已跨上了我那辆车子。所以单小双的安危根本不用担心，她急得团团转的样子，我们已远远看见了。这时的老车多像个大侠啊，他一手掌着东倒西歪的车把，一手向单小双挥动，老远就扯着嗓门喊说，小双老师你别怕，我来也。

老车把车蹬得飞快，冲刺到跟前刹不住，脚一着地，一个横拐把我和车子撂到路边，三跳两跃蹿上去，一拳捣到了正好回过头来的光头的胸脯上。光头一个趔趄险些栽倒，随手扔了自行车，举着铁锹拍过来。就力量和块头而言，指望老车一个人是制伏不了光头的，我也冲了上去，从侧面夺下他的武器。光头顾左顾不了右，很快跌倒在泥水里。老车骑上去，兜头盖脑一阵乱揍，直到单小双又是拉又是劝的，他才气咻咻地收了拳头说，不是看我们小双老师的面子，今天非把你王八蛋废了。

刚才把我吓坏了，单小双拍打着胸口，直跟我们说，真是多亏了你们俩。

单小双说着拿出一块淡绿色的手帕来，让我们擦一擦手和脸。她的手帕洁净素雅，香气四溢，我都不好意思用，倒是老车不仅用了，还凑着水把它洗了，晾到车筐上说，一会儿就干了。一切竟做得滴水不漏。我蹲到一边洗手的时候，老车索性好事做到底，径自推上了那辆飞不动的飞鸽车。你要是急着回家的话，就先走。他这样给我说。

一转眼，这小子不再需要我这个稀里糊涂的配角了。我不愿意先走，可一时竟找不到理由，我出力少，再赖下去就有瓜分他见义勇为成果的嫌疑了。好在二壶、老一、白梦娣、黄蒜薹他们这时也从后边赶来了，问是怎么回事。老车又不耐烦地说，你们是该来的时候不来，不该来的时候瞎凑什么热闹？

单小双没他那心思，看了几个人一眼说，天还没黑呢，大家就一起走走吧。

就是嘛，二壶、老一雀跃地说，大家一起跟小双老师走一走。

老车已很会见人说人话，见鬼说鬼话了，说新开的这几门农技课里，他最喜欢单小双的果园管理课，讲得好，听着是一种享受，也跟生活贴得近，实用。几个人在后面笑他，他全不放在眼里，只一门心思地套近乎。黄蒜薹还没心没肺的，揪着老问题不放，又问老车什么叫该来的时候不来，不该来的时候瞎凑热闹？老车懒得理她，我就跟她说了刚才的事，一边指了指身后那个渐渐消失的家伙。

黄蒜薹说，他呀，你不认识？

我说那么一个痞子，我怎么会认识？

你不认识，老车还不认识？他是我嫂子娘家那村的，是老车表哥哩。

我给唬一跳，你没有瞎说吧，他俩刚才还打得你死我活的。

那还不是做样子，苦肉计呗。

我半信半疑，心里有点看不起老车的这种小把戏，但隐隐又有几分恼怒和失意，你看他和单小双并排走在暮色飘摇的田间小路上，一个在车子左边，一个在车子右边，说说笑笑的，多像一对恋人。黄蒜薹瞅了我一眼，小声地说，吃醋了？我摇摇头，心里却真叫她说得有点泛酸了，不是个滋味儿。黄蒜薹又用胳膊肘捣了我一下说，别吃着碗里眼馋着锅里了，小心梦娣会生气哩。

我一惊，侧脸看白梦娣一眼，她正旁若无人地推着车子走在一边，面无表情。我想靠过去跟她说说话，她一快步，径自骑上车走了。少女的心无从捉摸，我有种鸡飞蛋打的感觉，心里很空也很疼。她一不在乎我了，我就发现自己很在乎她。黄蒜薹在背后笑，我跟她抱屈道，你不是都看到了，碗里的我也没吃到啊。

谁叫你贪心，黄蒜薹笑得更厉害了，前仰后合地说。

又说，换了我是碗里的，也不叫你吃。

黄蒜薹叫不叫我吃我一点儿也不上心，只望着白梦娣愈来愈远的影子神伤。等她终于从视野里消失，我的目光又落到被他们簇拥着的单小双身上。刚才还嘻嘻哈哈的黄蒜薹，这时不知从哪儿弄来一根毛衣针，在我眼前晃了晃说，我真恨不得一针把你戳瞎了。

我这才看见她车筐里滚动着一个毛线球，在织一个还看不出是什么名堂的小东西，一边躲她一边说，我又没咋着你，你跟我发什么狠？

你以为你没咋着我就没咋着我了，黄蒜薹说，你跟我在一起走着呢，眼珠子跑哪去了？戳瞎你，才好为姐妹出气哩。

我知道黄蒜薹是白梦娣的死党，她有理由替她监督我。这年头，你连配角都得罪不起，或煽风点火，或穿针引线，作用也不能小觑。忙胡乱转移话题说，大热的天，你织的什么毛线活？

这你就不懂了吧，黄蒜薹像被发现了秘密似的，脸上难得地飞起一片羞涩，声音也柔和下来说，我这是未雨绸缪哩。

我不明白一向大大咧咧的黄蒜薹何以会前后判若两人，随口嘀咕了句说，看不出来，你还挺莫名其妙的。

黄蒜薹像被戳到了痛处，十分不满地哼了声说，不知谁比谁更莫名其妙哩。

狗日的老车害人匪浅，不仅蒙骗了单小双，连我也受了捉弄，我腰上还挨了他那个混账表哥一脚，一想起来就疼。事后我找老车算账，他不以为然，反而自鸣得意地说，你看咱这出戏演得如何，是不是很周密？

此前我还揣测过，不知这家伙又会在课堂上闹出什么新动静来，孰料他早把工作的中心转移到课下来了。这时我已知道单小双的车胎也是他扎的，就说你叫你表哥出面已经够了，又何必把人家的车胎也扎破？那么新的车子，你也下得去手。

这也是不得已。老车嘿嘿笑说，一是怕我表哥磨蹭，时间上赶不上；二是只有她车子骑不成了，才能保证万无一失。你想啊，我们好不容易把她救下来，她说声谢谢就骑上车走了，那我们演这出戏还有什么意思？

我说你不要我们我们的，跟我有什么关系。

这个给你行了吧？这家伙拿出一盒不知从哪弄来的过滤嘴烟，息事宁人地说，也好给白梦娣多写几首诗。有好烟抽着，才能熏出好诗哩。

跟他们几个人比，我是最后一个染上烟瘾的，但后来居上，很快比他们抽得还凶了。他嘿嘿笑着把烟塞到我上衣兜里，问我怎么知道打劫的是他表哥的，按说彼此不认识哩。我说你以为你本事大得真能瞒天过海了，我不认识，未必别人也不认识。他若有所思地哦了声说，黄蒜薹跟你说的？我说了那句话就有些后悔，胡乱把话题拽回来说，只许你小子这一回，再要我的话，别怪我跟你不客气。也就是从那时起，我真的感到老车很可怕了。

第三章　转折

　　我开始留意道路两旁的店铺，这时暮色渐起，城市迎来用餐高峰，一路走来，沿途饭店已大多爆满，人影幢幢。我想既是叙旧，又是第一次请单小双吃饭，总归找个相对安静的地方好，看见右前方一家咖啡厅里烛光摇曳，少了些喧哗，转脸对单小双说，你停一下车，我去看看那里还有没有位子。

　　咖啡厅门槛高，挡住了一些消费者，别处都人满为患了，这里二楼一个靠窗子的房间还空着。屋不大，但两只沙发却不小，中间置一张大理石茶几，摆着的花瓶里插着一束康乃馨。角落里的音响，有一首文情歌在轻轻地环绕。单小双摘下眼镜，露出还算满意的神情。她把包搁到沙发一角，托着下巴瞅了我一会儿，忽然笑了说，运气不好是不是？要回家呢，又碰见我。

　　我说看你说的，我求之不得呢。

学校虽已改成了农中，但一些配套设施跟不上，按现在的话说，软件硬件都不具备，很多课上得有一搭没一搭的。后来学校终于在操场北面辟了一块地，名曰试验田，冬天来时，种上越冬的小麦、菠菜、韭菜和蒜苗。为强调科学种田，又间以杨树、桐树、果树。我们经常扛着农具去那劳动，说是上实践课，实际上已提前进入种庄稼的角色。我是个迟迟进入不了角色的人，时不时望着天空想，人生真的就这样没一点指望了么？

而老车的人生似乎已渐入佳境。

在所有的戏剧中，应该没有比英雄救美更拙劣更滥俗更老套的了，但历久弥新，屡试不爽，从那以后单小双看老车的目光，果然柔和亲切了许多。作为护花使者，老车有了自由出入单小双那间单身宿舍兼办公室的资格，常帮她挑水扫地打饭生炉子倒煤渣什么的，跟个准男友一样。

你们不知道吧，在又一个临睡前的夜晚，他神秘兮兮地跟我们说，单小双的两个奶子不一般大。

我们本已睡意蒙眬，此刻全精神起来了，懵里懵懂地问他，什么不一般大。

单小双的奶子啊。老车说，她一边大，另一边要小一号。不过感觉更好，更刺激哩。

这样说时，老车的手又在空中比画了一下，把我们给比画得大眼瞪小眼，觉得这个情况太意外了。二壶不信，老一也不信，问他是否已经摸过了？

真他妈摸过就好了。老车嘿嘿笑着，右手大拇指依次搓了几下其他四根手指说，她今天洗头发，我给她往盆里加水时看见了。若隐若现的，跟一个大兔子领着一个小兔子在里面撒着欢玩儿似的，真想摸一摸啊。

还没摸过就好，我们虚惊一场，暗暗松一口气，接着就想当然地推测他看花了眼，说天底下哪有不一般大的奶子。具体起来，这话是说一个女人的两个乳房是一致的，表述的时候，我们都把不该忽略的句子成分忽略了。

又少见多怪了吧你们，老车说，单小双的两个奶子就不一般大。我甚至怀疑，是不是天底下所有女人的奶子都不一般大。

他这一说，我们都被他这个惊人的推断给震撼住了，他严重挑战了我们有限的想象和认知。虽然我们都是吃奶长大的，但又是在还没等到能记住奶子的模样时就不再吃了。我们努力回忆着单小双的胸脯，先前天热时，我们还能依稀看到她衣衫里乳罩的大致轮廓，现在都穿上毛衣了，连乳罩都看不到了，哪还能区分她的乳房是不是一般大？但就想象而言，也是对等的，所以我们还是坚持一样大小的意见。老车不容置疑地说，那是因为她戴着一样大的奶罩。还有白梦娣的，黄蒜薹的，看上去一样大，都是因为戴着一样大的奶罩。

世界上没有两片相同的树叶，不待我们提出进一步的质疑，他又进一步一言以蔽之，奶子也一样。

尽管老车出语惊人，颠覆了我们对女人乳房的传统认识和臆想，但因为距离我们远，目标又太过散乱与庞大，怎么去验证他话里的虚实，还是叫我们四顾茫然，找不到北。老车望着我说，你要是不相信我的话，可以先摸摸白梦娣的，我保证她那两个奶子也不一般大。又转向二壶、老一说，你们两个可以去摸摸黄蒜薹的。言下之意，单小双属于他的了。

这当儿，黄蒜薹又警告我不要吃着碗里眼馋着锅里，白梦娣已悄悄哭过好几回了。据说所有人的初恋都是甜蜜的，而我却恰恰相反，我的心一直处于疼痛恍惚状态，备受煎熬和折磨。我感到光是给她写那些云里雾里的诗还远远不够，索性炮制了一封长达二三十页纸的情书，洋洋洒洒万余字，都赶上一个短篇小说了。我现在已想不起来具体写了些什么，也不知道什么样的情愫要用千言万语来倾诉，但我清晰地记得，直到那时我还没摆脱掉泰戈尔的影响，即使写情书也不忘把他老人家搬出来壮胆，借以支撑门面，在那封长信的开头就先引用了他的诗句：

"我的失败很大，我的负债很多，我的痛苦秘密而又深重，可是当我来求福的时候，我又战栗，唯恐我的祈求能得到允诺。"

如果说这句诗引用得实在有点神经兮兮的话，那么，我觉得我在那封长信最后引用的另一句诗，则多少可以表白我的心迹：

"我在歌唱中陶醉，忘了自己，你本是我的主人，我却称你为朋友。"

长久以来，我都是一个醉心于文字表述的人，写过许许多多诗，也写过许许多多信，但那种以泰戈尔的诗开头，又以泰戈尔的诗收尾的情书，此后再也没写过。我自己把自己都感动得一塌糊涂了，白梦娣那儿却依然波澜不惊，比先前更简短地回复了一个指意不明的纸条儿说，功课当紧。等我有一天终于拥她入怀，才知道她表现出来的不冷不热都是爱。她宁肯在背地里哭哑了嗓子，也不肯说出一个爱字来。

也是直到拥她入怀的那一刻，我才发现老车说的纯粹是无稽之谈。他一厢情愿地由单小双乳房不一般大，推及天底下所有女人乳房都不一般大的论断太坐井观天了。白梦娣的乳房不仅匀称，而且瓷实，柔软，质感，大小适中，正是握到手里满而不溢的那种。高中那几年之所以不那么突出，是因为她穷得连一个乳罩都买不起，也不懂得一对挺拔高耸的乳房多么令人刮目相看，她总是用一块粗布紧紧地包裹住它们。要不是我及时把它们解放出来，配上合适的乳罩，真不知她还要把它们囚禁多久。那时我已懂得握在自己手里的才是最好的，不再去关心单小双的乳房是不是真的不一样大，只一度迷醉地游走在白梦娣的胸脯间，须臾不舍得离开。

那会儿，老车已跟单小双走得很近，她都让他帮着洗头发了，再进一步，没准真可以摸到她一大一小的乳房了。就在我们担心这狗日的会不会得手时，老车遇到了障碍，教过我们历史的秦阜康老师开始频繁地出入单小双的宿舍了。

说起来，应该是秦阜康更有资格和单小双谈情说爱。秦阜康是省城一所重点大学的毕业生，因为稀里糊涂地参与了一场学生群殴事件，才发配到了我们这所破落的学校。庙小养不住大神，从来到这里的那一天起，他就没安分过，三天两头地往县里市里跑，一心一意想调走，一点工资全花在路上了。想是没背景又没余钱送礼吧，一直没能走脱。郁郁不得志，又迟迟调整不了状态，人也变得邋遢起来，一有空儿就去街上的小酒馆里买醉，天天拉着脸，一副没睡醒的样子。据说校长本来还有重用他的想法，见他表现得如此怀才不遇，也就懒得多关照了。校长私下里说，年轻人可以有点才，但不可以恃才傲物。又说，年轻人可以受点挫折，但不可以一败涂地。这话传到秦阜康耳朵里，他愈发破罐子破摔，拿教学不当回事了。有好几次上课，他还公然表现出他的反叛意识，唆使我们最好去别的正经学校学点正经的东西去，别在这里空耗年华了。如是者三，就算他不调走，校长也会请他另谋高就了。

事情的转机还是出在单小双身上。所以无论从哪方面说，单小双都于农中功莫大焉。她不仅留住了我们这些试图开小差的学生，使学校免于一把火或一颗土炸弹，还给秦阜康这样的老师注入了活力。我们本以为他要那样终了一生，一看见单小双，他竟像换了个人似的，眼里的醉意少了，亮光多了，就是衣着也讲究起来，甚至还煞有介事地打起了领带，如同弃旧图新的回头浪子一般。那些天，我们常见他有事没事就往单小双宿舍跑，跟她谈理想，谈调动，谈遥远而又空茫的未来。我不大相信老车对单小双动了真感情，但每当看到秦阜康去单小双的宿舍，他却真的会坐卧不宁，不经意间，还会把心里的诅咒骂出声来，鼓动二壶、老一去搅局。那两个人不去，他就一个人去，并总能灵机一动地找出一些问题来，向单小双或秦阜康请教。题问完了，他也不走，一边装着沉思，一边悄悄地酝酿一个屁。那时老车就跟一个屁工厂似的，想生产多少就生产多少。别人放屁都躲着人，恨不得再憋回去，他则专门往人前凑，还会趁人不注意把手伸到裤子里接住，再趁人不注意松开手掌。浓烈的臭气随之四溢，使另两个人面面相觑，各自怀疑是对方放的，又说不出口。这时候，即使秦阜康不走，单小双也会把门窗打开，换换空气。一打开门窗，老车就可以功德圆满地偷笑着回来了。可怜秦阜康不明就里，心中那颗爱情的种子刚刚冒出点芽儿，就被老车的屁给熏蔫了。

　　冬至那天的早自习课上，我的桌洞里多出一双墨绿色的毛线手套，两个手掌上面，各绣有一个隐约的心形图案。我端详着这副毛茸茸的手套，试着戴到手上，即刻有一股暖流从十指充溢到身心的每一个部位。我忽然觉得这日子不寻常起来，是谁在默默地给我传递着这份知冷知热的情愫？我想到了白梦娣，可她哪来这么多毛线，她用来系头发的红头绳都是她几个姐姐淘汰的。我侧望了一眼坐在我右后排的白梦娣，她正低垂着眼帘背英语单词，倒是她旁边的黄蒜薹觑了我一眼，又赶快埋下头去，脸上飞出一抹似曾相识的羞涩。我一激灵，想起那个早已淡出记忆的黄昏，想起黄蒜薹比画在我眼前的毛衣针，以及滚动在她车筐里的一团毛线球。我又感动又愕然，猜不出这个傻妮子在跟我兜什么圈子，她跟白梦娣再好，也不至于要替她给我织手套吧？慌得把手套摘下来，瞅个空子塞到了她桌洞里。想想，又以玩笑的口吻留了一个纸条儿：这都什么年头了，学雷锋也不知留个名。

还了手套，我心里松一口气，可是第二天，手套又堂而皇之地出现在眼前，两个心形的图案之间也多了一个纸条儿：不要太欺负人好不好。

我又好气又好笑，晚饭后把她叫出来说，蒜薹啊蒜薹，你说说咱俩谁欺负谁了？

黄蒜薹也不看我，只倚着一棵树，望着枝杈上的一弯月牙儿说，谁欺负谁了？

又说，我来时还兴冲冲的，都说月上柳梢头，人约黄昏后，可你约我出来说的这算啥哩。

我们是在学校北面的一片柳树林里见的面，光秃秃的柳梢儿不绿，月色也清冷，但寒风料峭中，我的心却突然叫她说得温软了一下。如果不是突然又疑神疑鬼起来，想她没准是白梦娣派来试探我的，或是她自作主张要替白梦娣把关来的，那么，这个傍晚也该有点诗意了。我毫无诗意地拍了拍她的肩膀，把手套掰到她怀里说，好了蒜薹，谢谢你。你不知道，我一直把你当做我和梦娣的小红娘呢。

红娘又咋了，红娘就不能给你织个手套儿？

能，可你自己都没有手套戴，我戴着心里不安。要不你给自己也织一双，到时咱俩一块儿戴吧。

这还像句话，那咱可这么说定了啊。

我说好，说定了，可你这当红娘的，也得给我说说梦娣最近有没有跟你说过我吧。

你真要听呢，就还把手套戴上。

傻姑娘就是难缠，我都把话说到这份上了，她还不依不饶，见她硬要给我套手套，想想还是自己接了过来。月色冷，风也凉，但一戴上手套，感觉真的很暖和。我握了握黄蒜薹的手，再次说了声谢谢，比先前那句由衷多了。黄蒜薹这才有些迷茫地笑了。鬼知道你是在写诗呢，她说，还是在迷惑人，害得我们姐妹都像上辈子欠你似的，没有一天不说起你。

你们听到了没，她们姐妹没有一天不说起我。

反正我是听到了，并且刻骨铭心。单从这个意义上说，我也无法忘怀我在农中度过的少年时光，那是我写诗生涯最鼎盛的一个时期，此后再也没有中兴过。那些虚无缥缈的句子只对少女有用，一旦她们长大成人，再华丽的篇章也抵不上一件时尚的衣服。这时功课越来越少，校长号召全校师生积肥，还下了定额。因为积肥有野外作业的属性，反倒一度深得人心，和啃起来费劲的课本比，毕竟一泡粪便更容易上手。于是，满大街乱走的牲畜后面，跟上了满大街乱走的农中学生。班上很快就剩下白梦娣一个人还在学习了，积肥之余，都会坐到教室里去读读写写背背。她一去，我就不能去了，她看见我就会站起来走开，害得我没着没落的。我十分怀疑黄蒜薹透露过来的信息，跟她抱屈说，如果白梦娣真像你说的那样在意我，为什么都不肯跟我说一句话呢？

黄蒜薹也猜不透个中原因，却一本正经地安慰我说，也许她在考验你吧。

我不喜欢被考验，那天便把白梦娣堵到教室里，想跟她好好谈谈。她又要走，惹得我性起，伸手拽了下她的衣服。这一拽不得了，她嗷的一声跳起来，仿佛我手里拿着刀子，或者我的手本身就是一把匕首，我一愣住，她已抱头鼠窜而去。事后很久，我才知道事情还是坏在老车手上。狗日的老车嫁祸于人，模仿我的字迹给白梦娣写过一个言简意赅的纸条儿：我想日你。那恐怕是他内心的想法，虽然那念头我也不见得就没有萌生过，但依我那时的性情，无论如何是羞于写得出手的。可怜白梦娣偏听偏信，看见我就像看见一匹披着羊皮的狼，根本不给我跟她独处的机会。以至于后来我们俩终于走到一起，我想跟她说说是她诱使我走向写诗的道路，甚至特别想给她朗诵一首诗的时候，她已善解人意地在一旁褪去衣衫，自顾自闭上了眼睛，那神情分明在说，你不就想这样吗，还谈什么诗？我喜忧参半，猝不及防，面对一个肤如凝脂的胴体，真的是一句诗都想不起来了。

腊八节前的那个下午，我去邮局寄了几封信，又顺道去新华书店看了一会儿书，等书店关门，我回到校里，老车他们已经走了。这时天昏地暗，尘沙迷蒙，大风起兮云飞扬，又硬又凉的雪粒儿像子弹一样漫天扫射，击在头上脸上，能击出血击出弹坑来。因为天气本就不好，又因为过腊八节，全校师生都差不多回家了，连负责我们寝室秩序的校工老秦和在食堂做饭的伙夫老袁也走了，偌大的校园里空荡荡的，罕有人迹。我虽有一把教室的钥匙，但没地方吃饭，也没地方住，一个人孤零零地在教室里走了几个来回，狼狈，瑟缩，不期而至的一股饥寒交迫的况味。

　　天色很快黑下来。我在教室里跺了一阵子脚，终于坐不住，心想雪再大也得回家了，要不这一夜过去，非冻成冰棍儿不可。就在我锁上教室的门，小跑着去车棚推车的当儿，身后居然亮起了一束温暖的灯光。回头望去，穿着一件红毛衣的单小双亭亭玉立在她那间单身宿舍的门口，在风雪飞扬的背景里，天使一般。

　　我的惊喜无以言表，迎着风雪朝她一步步走去。单小双中午有同学来，喝了点酒，头有点晕，送走同学就关上门睡起了大觉。我是看书看过了头，她是睡过了头，我们都没能按时回家。而这两个不约而同的过错多么美好，它给一点也不浪漫的寒夜注入了些许风花雪月的元素，我感到刚才还墓地一样肃杀的校园，一下子生动起来了。

　　单小双为我煮了鸡蛋挂面，还给我倒了一杯中午喝剩下的葡萄酒。虽是剩酒，但屋外有雪，室内有炭火，和一个佳人浅斟慢酌，围炉而坐，是人生何等快意美好的事。也是因为雪，我没话找话地问她当初上学的时候，怎么就能那样投入，鞋子掉到雪窝里了还不知道。单小双笑了笑说，我都叫他们说得不知是真是假了。我脑子笨，别人一天学完的课程，我三天也不一定学会，老是抱着课本啃，显得用功罢了。

　　我想她是在谦虚，说你都考上学了，还说自己笨。

　　是真笨哎，单小双说，要不就上高中考大学了，这不，只读了一个中专。

　　我说中专也很不错了，俺娘就老拿你教训我，每次说到你寒夜苦读就心疼得哭鼻子抹眼泪。

　　单小双笑了笑说，那你得加把劲了，到时考个好学校，也好叫她高兴高兴。

我说咱这学校都改成农中了，还去哪里考。

单小双思忖了一会儿说，要是你真想转学的话，我可以帮你联系联系。

人不留天留，那一夜的雪那么善解人意，一直没有停下来的迹象。单小双找出一副五子棋说，不管它，我们该咋玩还咋玩儿。她此前大约没大下过棋，技艺明显不如我。按规则，输的一方要被赢的一方刮鼻子，但单小双总是在我刮她鼻子之前先刮我的鼻子。此后很多年，刮鼻子成为我俩交往的一个惯常性动作，秘密，温暖，暧昧，轻佻中自有一份心有灵犀的亲昵。

不把夜当回事的时候，你一觉还没睡醒，天就亮了，真要给你一整个夜晚的话，你就很难熬过去了。当下我和单小双下棋，听歌，看书，聊天，能玩的节目都玩遍了，话也说得有一搭没一搭的时候，夜还漫长着。还是单小双先开的口，她说你困了吧，困了就在这睡吧。我有些茫然，两个人，一张床，而且还是一张单人床，怎么睡呢？单小双说，别讲究恁些了，凑合着睡一夜好了。说时已拉开被窝，自己躺到床里边，把另一半床留给我。我机械地解开了棉袄扣子，但拿不准要不要脱下来。单小双说，睡就像个睡觉的样子，外面的衣服都脱了吧，要不会感冒的，也睡不好。一边示范性地脱下毛衣，又脱下毛裤。我溜过去一眼，居然只剩下一个白色的乳罩和一条跟乳罩一样颜色的内裤了。这是我最有可能澄清她乳房是不是大小一致的一个机会，但心跳得厉害，眼不敢细看，我紧张得几乎把这事给忘了，只把目光虚虚地望向别处，直到她钻进被窝，才慢吞吞地脱下棉衣棉裤，只穿一条内裤躺下了。

灯灭了，外面的雪光亮起来，甚至有月光映到了窗帘上，影影绰绰一片苍茫。被窝里，我和单小双的身子若即若离的，既不舍得离她远点，更不敢靠得太近，我怕我一不小心，就把这份难以名状的美好给破坏了，就保持着一个仰面朝天的姿势，好半天不曾动一动。

你知道吗，单小双说，如果换了老车他们，再怎么着我也不会留宿，你跟他们不一样。

虽然我不知道自己哪里跟他们不一样，但还是使劲地点头，心底里盛满巨大的感动和幸福。此前我还怕她会被老车制造的一系列假象蒙蔽，现在才知道这些担心都是多余的了。我每隐约碰一下她滑腻细嫩的肌肤，都会激动，亢奋，恨不得大声地欢呼。我没让自己欢呼出来，可着一股劲儿屏息敛气，仿佛就为了不辜负她的另眼相看。她可能是看我太紧张了，笑了下又说，是不是从没跟女孩子这么单独在一起过？

我说是。

单小双说，是不是睡不着？

我又说是。

单小双说，我也从没跟一个男孩子这么睡过，还真有点不习惯哩。

那就握着手吧，过了会儿，她侧了身子，把手递过来说，这样或许容易睡着。

就这样，我和我心仪的女老师手拉手睡了一夜，尽管什么都没有发生，感觉上却比什么都发生了还让人骄傲。后来我试着跟白梦娣说起这事时她死活不信，说她都叫你上她的床了，都钻到一个被窝里去了，你还会乖得跟个童男子一样？你比柳下惠还柳下惠？但因见我在这方面的表现实在生涩，也只是将信将疑地把矛头指向单小双，骂她狐狸精，勾引男学生。女人的可怕和多重性，我总算领略一二，白梦娣多温柔贤淑的一个人，撕破脸了也狰狞得吓人。她不知道自己骂单小双狐狸精的时候，其实更像一个狐狸精。

一夜风花雪月过去，虽然像童话一样虚幻，纯粹，美得不着边际，但两个人心灵上的距离从此近了许多，彼此再望对方的眼神，都多了些不必言传的关切和期许。

　　那以后我再看见老车去单小双宿舍的感受就不一样了，心里起火，眼里也是，直想找个碴儿跟他干一仗。但还没来得及闹僵，单小双已帮我联系好了去县一中高二年级插班的事。先前以为她只是随口说说，不成想会专门为这事去了一趟县里。单小双就读的地区农校，并不在地区所在市聊城，而在我们县城的北郊。她在那里生活学习了三年，有不少老师同学在县城工作，大的事情办不了，转个把学生还不算太难。转天她把我叫到办公室说，学校马上要放假了，你回家跟大人说一声，假期也别太贪玩了，好好准备一下，补补习，下学期就可以直接去县一中报到了。

　　县一中不仅是全县最有名的中学，在全地区也卓有声誉，只要走进它的校园，等于一只脚已经跨进大学的门槛了。这是决定我命运走向的时刻，转学也是我固有的想法，但一下子离开朝夕厮守的校园，心里突然有股说不出的留恋和不舍。我怕我一走，老车又乘虚而入，单小双和白梦娣两个人，我一个也放不下，就懵里懵懂地说，这么快呀，下学期就走啊，不能再等一等吗？

　　单小双扬起眉毛说，你什么意思？

　　我第一次发现单小双扬起眉毛的时候有一股雷厉风行的劲儿。我在她凝眉的注目中低下头来，心里一时七上八下的。单小双就那么盯着我，盯着盯着忽然笑了，劈手刮了一下我的鼻子说，好了，别黏黏糊糊的了。如果你真想走考学这条路，转学的事就宜早不宜迟，晚了就来不及了。

寒假很快来临。寒假里，还发生了一桩决定更多人命运走向的事。天高皇帝远的墨水村一带居然被探测出了储量惊人的石油，还有盐和天然气，中原油田的一些钻井队开始驻扎此地。一辆辆大型的卡车吊车和以前没大见过的挖土机推土机从远方开来，它们在墨水村的田野上呼啸着，搅得尘土翻滚，鸡飞狗跳，一眨眼间，就一连堆砌出了好几个刺破天空的大铁架子。那些架子组成的钢铁群体散布在墨水村周围，庞大，突兀，怪异，随着第一台钻机的轰鸣声响起，墨水村这片沉寂了千百年的土地再也不沉寂了。

它们不仅带来了喧哗与骚动，还带来了太多太多的新生事物。漆成绿色的铁皮房子，堆积如山的钢管和三角铁，一桶一桶的火碱和一麻袋一麻袋的糨糊粉，以及更多叫不出名堂的工业用料，都叫我们眼花缭乱，目不暇接。那时老车、二壶、老一他们最大的兴趣是一天到晚地比赛爬架子，说架子怎么高，站在上面看得怎么远；又说架子就像一个巨大的屌，既能日破天，又能戳穿地。在某些关键环节上，我是个麻木而迟钝的人，而且从小就有恐高症，下过几次决心都没能爬上那些直插云霄的架子，所以难以像他们那样站得高看得远。就在大家还沉浸在以饱眼福为乐事的当儿，老车已生财有道地瞄准了一个赚钱的门路。

种种迹象表明，石油工人是要在这里大干一番的，器材和用料还在一车车运来，而路都还没有铺好，车辆出入我们墨水村，必须经过村东头的那座与外界连接的水泥桥。桥宽不过三米，一次只能通过一辆卡车，所以桥的这头和那头，常常堵满了车。车堵得多了，急躁的司机就下来抽烟，跺脚，骂娘，或躲到车的一侧去撒尿，百无聊赖。墨水镇一带有一句耳熟能详的谚语说，哪里屙屎哪里招蝇子，许多小摊小贩也就应运而生了。有卖瓜子花生的，也有卖鸡蛋包子的，还有卖熟狗肉羊肉兔子肉的，两岸河坡上，一个个趋之若鹜，很快自发地形成了一个小集市。油田上的人真是有钱，不管男的女的，也不管饿不饿的，看见了好吃的就买，狗肉兔肉抢不上了，就嗑瓜子嚼红枣，谁的嘴巴也不肯闲着。老车也看到了这其中的商机，指挥二壶、老一在河岸背风处抢占了一个有利地形，又把他那个光头表哥找来入伙，说要干一桩大买卖。

老车根本不屑于卖什么东西，因为卖东西再赚钱也需要成本，便设了一个不需要成本的赌摊儿。他的赌摊很简单，所有的道具加起来不超过五块钱，就地铺上一张报纸，后来更新换代成毛巾，毛巾上并排放上三张或两红一黑或两黑一红的扑克牌，赌摊就开张了。具体分工是，二壶当庄家耍牌；老车自己负责收钱兼望风；老车的表哥和老一当托儿，唆使人参赌。那三张扑克牌比一般的扑克牌要小一号，用剪子剪了四周的边儿，不显示数字，只显示黑红，如果是两张红桃一张黑桃的，猜中黑桃的那一张为赢；而如果是两张黑桃一张红桃的，则猜中红桃的为赢。当庄家两手翻飞地一扬一落一抽，三张扑克牌一溜儿趴下，你就可以下赌注了。大白天的，三张黑红分明的牌能有多少玄机，况且那配套而生的吆喝也着实诱人："两张黑的，一张红的，放下红的，剩两张黑的，黑的不是，黑的不赢，一拉一扯，红的才是，红的才赢。只要你下准了，下一百赔二百，下一千赔两千，有多大胆就赢多少钱啊。"朗朗上口，蛊惑人心，很快就招徕得人声鼎沸了。

工人们一开始很警惕，只是看热闹，并不亲自参与。但见老车的表哥和老一几个人时不时赢一大把钱，时不时又赢一大把钱，手就痒痒了，认定自己看准了的，一边学着样子一手摁住牌不让庄家动，一边从身上掏钱。但无论动作模仿得多到位，也挡不着脑子灌了水，看走眼简直是板上钉钉的事，大把大把的钱就投怀送抱到了老车手里。这情形有点像街头摆的象棋残局，看着容易下着难。其间他也会故意卖几个破绽，让你扳几个来回，小赢上一把两把，但只要你较了真，输红了眼，赌注下大了，那就绝对有去无回了。可怜被堵车堵得心急火燎的工人们小觑了一帮乡野孩子的把戏，钱输光了又输手表、戒指、衣服、手套、眼镜、香烟的，每天都有几例。还有个司机更绝，身上能输的东西都输光的时候，居然又把一个备用轮胎也给折价赌了进去。

　　据说这把戏本来是老车的光头表哥先玩的，但他的手笨，没赢人家反倒自己先输了，老车嫌他窝囊，撺掇二壶、老一都学学，谁的手快谁上阵。二壶在这方面有天赋，眼疾手快，我们小时偷个瓜摸个梨的，都只有给他望风的份，所以耍牌这事也非他莫属。我后来就这事问过他，他像放电影慢镜头般给我表演了几次，才看出点眉目。等工人们都知道这看似雕虫小技的把戏实在是个不小的骗局，另在别处又修了一座可以对开两辆卡车的大桥，况且赌风越来越盛，派出所也开始出动抓赌的时候，老车他们已赚得盆满钵满了。

　　在赌摊上，二壶扮演的虽是庄家的角色，出力最多，风险最大，但这创意是老车的，道具也是他提供的，且他在团伙范围里有表哥这样的亲信，又掌管着钱的出入，所以算得上真正意义上的赢家。他怎么跟他表哥分的赃我们不得而知，反正跟他鞍前马后地当了多日喽啰的二壶、老一找他分一杯羹时，他表现得颇不耐烦，都他妈吃了喝了，还有什么羹可分？

　　这话自然哄不住人，另两个也没那么好打发，这些天是没少跟着老车吃香的喝辣的，但想想连日来在冰天雪地里挨冷受冻担惊受怕一场，到头来只混了个肚儿圆，还是觉得不值，就说老车你狗日的太黑太不仗义了，大家一起赚的钱，你一个人吞了也不怕噎死？

你两个傻逼也不想想，老车嘿嘿笑说，还以为光咱三个能把这游戏玩得转？便扳着指头说他打点派出所花了多少钱，让他表哥雇了几个打手以防不测又花了多少钱，再加上还了当初从黑市贷的启动资金的本钱和高额利息，以及这些天花天酒地挥霍的，充其量也就剩仁核桃俩枣了，塞牙缝都不够，还什么噎不噎的。

这些情况老车事先都没说，二壶、老一虽明知他话里有水分，却无法证实其真假，可不真叫他当傻逼一样耍了。二人无心跟他开玩笑，绷了脸问他到底还有多少钱。老车仍不肯说具体数目，但还是一人赏了一盒过滤嘴烟说，钱是剩了一点，但几个人一分也没有多少，不如买辆摩托车，谁有事谁骑，算咱三个人的行不？

二壶一向没主意，觉得能骑上摩托车过把瘾风光风光，也不失为一种补偿，就敲打了老车一句说，要买就抓紧吧。说好了，这可是咱三个人的车。

老一则比他想得要多些，知道三个人合买一辆摩托车近乎扯淡，钥匙还不得是老车自己把持着。于是他说，三个人不三个人的吧我不管，平常我也不骑，但我三姑刚给我说了个媳妇，说好这两天要见个面的，我去相我媳妇的时候，车得叫我骑。

老车说，好，就这么定了。

三个人统一了意见，次日便跑到河南濮阳买了一辆大红色的铃木125摩托车，据说还是日本原装的。虽然出了省，但濮阳距离我们墨水村，别说比我们的地区所在市要近，就是比百里外的县城也要近，所以我们那儿很多人家需要进城买卖东西的，一般都要到濮阳去。我不知老车咋想的，他买来车就突突突地开到白沙村的单小双家去了。正值晚饭时分，单小双没让他进院门，叫他有事开了学再说。老车说，我没事，就是来看看你有没有啥事。这几天过年呢，走亲串友的事特别多，这不我刚买了辆车，你用着它了就跟我说。

老车说时没熄火，足以证明车的性能好，大灯也很亮，照得单小双家门前那条逼仄的巷子一片光明。有狗迎着灯光咬起来，有邻居出来看稀奇，单小双一边转身回家一边说，谢谢你，我不用。

老车又说，看你还跟我客气。这车是我的，也是你的，你想啥时用就啥时用。对了，过几天开了学，你也别再骑车了，我驮着你去。

我说了我用不着，单小双头也不回地说，你还是问问你表哥用不用车吧。

正月十六去县一中报到那天，我又突然不想走了，磨磨蹭蹭的。但是，单小双已去校长那里帮我开好了转学信，同时也写好了给县一中一位老师的信。我知道单小双做这些有挖学校墙脚的嫌疑，在生源锐减的情况下，她能做通校长的工作，一定承受了不小的压力。后来我听说石悄悄没少就这事挤兑她，嫌她都不跟她吭一声，分明是没把她这个班主任放眼里。又去校长那里告黑状，指控单小双吃里爬外，拆学校的台面。因为随着我的离开，不少同学也跟着转学退学，至少老车、二壶、老一三个家伙是这样的，我前脚刚走，他们后脚就收拾起书包走人了，弄得教室里一下子空了一片，叫她这个班主任又窝火又丢面子。而我那时还想不了太多，满腹的离愁别绪纷至沓来，一句顺溜的话也说不出口。也不容我多说，老车已鬼使神差地跑来，非要用摩托车把我送到县城去。

墨水镇距离墨水县一百五十余里，又冰天雪地的，难为老车古道热肠如许，如果是我一个人乘车去的话，没准真会半途而废，走不到头就又折回。出来镇子就算正式上路了，我们各自把棉袄倒过来穿，以期多少暖和一些。我和老车已很久不在一块儿谈心了，这次腹背相贴的旅程使我们得以重温久违的沟通。他说我走了，他也该退学了，原本还要去当兵的，现在村子里百废待兴，行情看好，他连兵也不当了，只全力以赴地发家致富去。一朝石油从地底下开采出来，他卓有远见地说，墨水村也将是一片大有可为的广阔天地。我那时还没有具体的人生方向和奋斗目标，虽然表面上在走求学的路子，但跟思路清晰的老车比起来，根本不在一个起跑线上。老车给我算了一笔账，我在高中阶段最少还得待一年半，就算顺利考出去的话，光大学就得读四年，五六年以后，谁知社会是个什么样子。不如先下手为强，直接到社会上混去。就问我是否一定要走，不走的话，可以跟他一起干。

我叫他说得乱乱的，随口说你不是有二壶老一两个哼哈二将吗，还用着我来瞎掺和。

狗屁，老车不屑地说，那算什么哼哈二将，他两个加起来，也不如一个你。

我有点替二壶、老一抱屈，不料老车又说，咱俩真要在一起干，怕也干不了多久，谁听谁的就是个问题。弄不好，那两个家伙也会被你收买了去。所以你走了也好，一个槽上拴不了两个叫驴。

这家伙还越说越玄乎了，叫我觉得又被他给忽悠了，便在他背后拍了他一下说，你这是什么屁话，敢情你就冲这个才送我走的？

谁说不是，老车嘿嘿笑了，回了回头说，我这是在送瘟神哩。

在乡间，正月十六正好是送一切牛鬼蛇神出门的日子。因为过年，人们不仅要供奉各路神仙，还要从墓地请来已故亲属的鬼魂供奉。供奉前者多是自觉的，供奉后者未必就情愿了，只是约定俗成，会有亲戚邻居来给死者的牌位叩头拜年，你不请要遭人闲话的。但到了十六这一天，就可以把写着死者名字的牌位从墙上扯下来，一把火烧了。大风一吹，爱去哪游荡就去哪游荡。有怕孤魂野鬼赖着不走的，就非得送到坟头子跟前了，也是烧一把火，再用土或砖埋了，想不消失都不行。举目望去，道路两旁的野地里还真有不少这样的送行者，一片片纸钱燃起来的火苗和灰烬漫天飞扬，四处飘零。孤苦伶仃中，与我何其相似乃尔！

　　既是在送瘟神，老车自然把车开得疯快，一路上都飞扬跋扈的，超过了沿途大大小小的车子。一排排树木呼啸而来，又呼啸而去，有风沙从头脸上掠过，凛冽的寒意钻心刺骨。如果说单小双帮我转学是为我前途考虑的话，那么，狗日的老车执意送我去县一中的动机，还真是孰为不纯了，那我这一走，岂不正遂了他的心意！那时大约已走了一半的路程，我看见老车又风驰电掣地超过一辆去县城方向的客车，就很突兀地拍了他一下说，你把车停下，我自己走。

　　看把你急得，老车没停车，只是慢了慢车速说，怎么还当真了？

　　这次去县一中上学，我是稀里糊涂地上路的，何曾像他一样想恁多。明明是他太当真了，反还说我当真，说得我真有点情绪了，很负气地说，我自己的路我自己走，你回吧，我也好去汽车上暖和暖和。

　　不亲自把你送走，老车又嘻嘻笑了说，我怎么会放心。

　　话不投机到此，我已没心思说笑了，一纵身跳下来，使劲收住惯性，回敬了他一句说，你放心好了，一是我不用你送也会走；二是我不会跟你拴到一个槽上，抢吃你的驴料。

　　都是说着玩的，老车也不得不跳下车，一脸无辜地说，何必往心里去。

　　我承认我不如老车有气度，憋着气没理他，我想即使是一个瘟神，也不必非要别人送走，就自顾自站到路边，向那辆从后面赶来的客车招手。

跟我说爱我

044

我没想到事情会是这个样子。老车急得搓手跺脚地说，你知道吗，其实我只想在咱俩之间做一个试验，你求学，我求财，看看咱们谁比谁跑得快。

　　这时客车已停到跟前，我说好了，你回去吧，记得也别把车开得太快了。无论如何，我都会记住你今天的送行。

　　老车在我上车时又拽了我一下，没拽住，追着车门补充了一句说，白梦娣那里你放心好了，我一不会动她，二会替你照顾好她。

　　我不知老车何以要做这样的表白，但知道他的话越来越不可信。与其说我放心他，还不如说放心白梦娣，她岂是他想动就能动得了的。只是我眼下已顾不上多想白梦娣了，我得先给自己找个下脚的地方。车是辆老爷车，又脏又破，但时值春运高峰期，车上人满为患，身子挤着身子，包裹摞着包裹，连一个扎针的空儿都没有。我踮着脚尖斜站在车门一侧，望着这满车背井离乡的旅人和窗外迷蒙的天空，想坐在这样的老破车上也许真不如坐老车的摩托车好，一个人孑身上路也许真不如在得天独厚的村子里混好。但道不同不相为谋，我和老车的关系说到底不过是两股道上跑的马车的关系，出发点不同，目的地不同，怎么合作？又怎么赛得出快慢输赢？如果说我先前对去县一中上学还觉得可去可不去的话，此刻哪还有一点退路，我被这狗日的从墨水村里给赶出来了，形单影只中，突如其来一种丧家犬的感觉。此后的日子里，一想起这次不欢而散的旅程，我心头都会油然滋生些许悲壮的情愫，后悔没有跟老车说，快也好慢也好，都不过是一种外在的表现形式，看谁比谁走得更远才是真正意义上的比赛。但我和老车就此别过，一个向北，一个向南，恰似我们后来的人生，无论物理上的距离还是心理上的隔膜都越拉越大，再也倒不回原点上去了。

世事无常，仿佛是一觉还没睡醒，大学生就业压力剧增，俨然成为社会一大问题。与我们相邻的黄坡村，业已出现大学生回乡竞聘村干部的事例。二壶、老一觉得是个契机，相约着从老家跑来，动员我回乡扳倒老车，给他们当大学生村官去。那时老车已组建了一个初具规模的化工集团公司，县里市里都有名，并成功地策划了一场政变，让他二弟出面当上了墨水村的支书兼村长。谢天谢地，我的运气还没差到无从就业的地步。工作之余，也好歹在诗坛上浪得一点虚名，在出了一本日文版的诗集后，又跟一个远道而来的美国人洽谈起英文版的翻译事宜。所以当他们说起家大业大的老车今非昔比，资产早过百万千万，我还何苦在这人生地不熟的城市里独自挣扎，非要当一个又穷又累的小编辑，不如回乡发展经济时，我委实感到了我的奋斗毫无意义，感到了我恁多年的求索毫无意义。有一句流行至今的老话说，愿赌服输。但我骨子里仍不肯服输，我像说出"子非鱼，焉知鱼之乐"的圣人一样不胜苍茫不胜辛酸地笑了笑，反问他们说，老车的钱再多，家产再大，即便是身价过亿富可敌国，那你们总还算知道他的大致底细，看得见他的影子，可你们谁知道日本人读过我的诗，美国人也即将读到我的诗，又有谁能看见我走了多远呢？

问得二壶、老一云里雾里的，大眼瞪小眼了一会儿，私下里去咨询我妻子。什么远啊近的，他俩比比画画了半天，不约而同地把手指向脑门儿说，俺们老班是不是这里出了问题？他不就在这屋里坐着吗，怎么会说我们连他的影子都看不到哩？

你们还不知道他啊，我妻子显然比那两个人要了解我，也早听说过我上学时候半夜乱跑的事，不屑地撇撇嘴，从鼻孔里哼了一声说，都是当年梦游落下的后遗症，大白天也照样说胡话哩。

第四章　触电

　　一会儿服务员敲门进来，先给我们放了一小碟瓜子花生，又拿出一个菜本来，问要中餐还是西餐。我把菜谱推给单小双说，你点吧，想吃什么就点什么。

　　也不在乎吃什么，单小双说，你随便点两个就行。

　　我想是不在乎吃什么，就荤素搭配中西结合地点了几样小菜，一边问单小双要喝点什么，茶还是咖啡。

　　单小双不在乎吃什么却在乎喝什么，突兀地说，我要喝酒。

　　我对酒一向没好感，能躲开的酒场，坚决不凑上去。刚才江水莲叫我白吃白喝我还不去呢，不料才几分钟的事，自己就得摆个酒场了。我想起早年曾在单小双屋里喝过半瓶的葡萄酒，转脸问服务员说，你们这里都有什么红酒？

　　不要红酒，单小双固执地打断我说，要白酒。

　　白酒厉害，我早有领教。我第一次被白酒弄晕，应该是高三那年的事。因为备战高考，寒假里学校只给毕业班放假一周，学生们走一天来一天，也就三五天的休息时间。我做事一向拖沓，大年三十那天错过了回墨水镇的车，拐弯抹角地给一个家在镇上的同学打了个电话，让他去给我父母说一声，自己简单买了点年货，又返回了学校。

翌日大年初一，天气分外晴冷。偌大的校园里空荡荡的，除了我和看大门的老岳头，没有第三个人了，校园外则喧闹不已，烟花爆竹噼里啪啦地响。我想功课再紧也得给自己放一天假，先是在床上睡到日升三竿，啃了一包方便面，然后去找老岳头下象棋。中午他留我吃饭，我就把买来的速冻水饺在他炉子上煮了。他嫌我客气，又置了四个菜，拿出一瓶酒说，过年呢，咱爷俩喝两杯。

跟老岳头碰了几杯酒，他又劝我回家，说今天没车，兴许明天就会有。我也有些动摇了，后悔没早一天乘车走，结果不胜酒力。老岳头啥事都没有呢，我已感到头晕脑涨的，两眼迷离，太阳穴蹦蹦乱跳，踉踉跄跄地跑到外面的水管那儿去吐酒，直吐得苦水横流。老岳头慌得过来给我拍背，一边接了杯冷水叫我漱口，一边自责着。我摆着手说没事，就返回冷冷清清的寝室里躺着，就听见一阵摩托车的喇叭声，老车那家伙居然跑到这里看我来了。

我想我是真醉了，衣衫不整地把他迎进屋，自己又钻进被窝里去。寝室里光线暗，还是他帮我拉亮了灯。我听见嘻嘻哈哈的招呼里有女声，才看到同来的还有踮着一只脚尖的黄蒜薹。老车明显胖了，西装革履的，用上了一摁就响起音乐的打火机，抽上了一种加长过滤嘴的烟，言谈举止间，已初露成功人士的做派。黄蒜薹也长进了不少，不再动辄咋咋呼呼的，都学会抿着嘴笑了，胸前那对饱满欲滴的乳峰峭拔高耸，醉眼里看去竟无比诱人。他们的出现虽有点不速之客的意味，但我还是很高兴，忙穿好衣服，从门卫老岳头那儿拿了水和茶来，不小心还把一只杯子给碰碎了。我酒劲还没过去，头一直痛得厉害，随便把碎玻璃踢到床底下，另找了杯子给老车泡茶。老车真是今非昔比，味觉也娇贵了起来，他只喝了一口就皱起眉头，想是照顾我情绪，才没当我面给吐出来，胡乱咽下去说，这是什么破茶叶，都苦死了你还喝，回家我给你弄盒好的。

我也觉得这茶不大好，可他的话我听着不舒服，就对他皱了皱眉说，你现在阔了是不，忘了当初咱们偷俺爹的茶末子当极品咖啡喝了是不，好喝不好喝总归是热的，这不好的茶也是从人家那儿借来的。

有俩臭钱烧得你，黄蒜薹也抢白说，我怎么就不觉得苦？爱喝不喝，还嫌好道歹。你茶再好能拿到这儿喝？

老车也觉得不大对劲了，笑着说，我不说了吗，回家就给咱老班弄盒好茶。

又跟我说，你快点收拾一下，我和老黄接你回家过年。

黄蒜薹双手捧着杯子说，跟老班好长时间不见面，说说话再走呗。坐你车冷，我得先喝点水暖和暖和。

三个人坐下来说话，东一句西一句的，一下子找不到一个固定的话题。他们一路赶来冷，我这屋里也不暖和。老车可能也感到冷了，或是为了进一步照顾我情绪，终于捧起茶杯喝汤药一样地喝了几口。我续第二杯水的时候，他指使黄蒜薹说，看你跟个客人似的，还叫老班伺候，不知道这倒水沏茶的活儿，就该你们女的干？

黄蒜薹搓着手笑了，一瘸一拐地从对面床上跳下来，从我手里要过去暖瓶说，我来就我来，又不是伺候你。要不是脚疼，这话还用着你说？

我这时才看清她刚才为什么踮着一只脚尖了，马靴上的高跟少了一个。我问她怎么搞的，她说脚冻麻了，不会走路了，刚才在校门口跌了一下，鞋跟跌掉了。

　　没事找事哩。老车说，多好的靴子，她都给你弄毁了。

　　还说呢，黄蒜薹说，不都是你图便宜买的破鞋，质量好了还会毁？说了有些脸红，想是察觉破鞋这个词用得不好，就转移话题说，老班你喝酒了？

　　过年回不了家，老车说，借酒浇愁呗。我早看出来了，你还问。

　　黄蒜薹说，就你能，我看不出来还会问？

　　我不知道我是不是还醉着，隐隐觉得这两个人不该一块儿来，看他们你一言我一语地斗嘴，关系似乎不一般了。老车拍了一下黄蒜薹的肩膀说，老一个狗日的已经结婚了，二壶个狗日的也跟邻村一个姑娘订婚了，我老爷子就沉不住气了，一天到晚地催我找媳妇。我想肥水不流外人田，找咱的老同学吧，就她了，过罢年我们就订婚。

　　你别拍拍打打的，黄蒜薹拍掉他的手说，八字还没一撇哩。你爱流哪流哪，谁稀罕你这股脏水儿。

　　山中方一日，世上已千年。我印象中黄蒜薹还三天打渔两天晒网地上着学的，何时跟老车谈婚论嫁起来了呢？我想起这个女孩曾经爱过我，一针一线地给我织过手套；我想起我暑假回家的时候，她还有事没事地跑到我家来，给我温情脉脉地削苹果。转眼间江山易手，叫我心里酸酸的，头痛得愈发厉害了。我不知该就此发表什么意见，闪烁了一下说，你也不上学了吗？

　　还上着，黄蒜薹说，好歹上到毕业。但他老骑着个摩托车接我送我的，害得我都不好意思去学校了。

老黄你太不厚道了，老车说，不是你叫我教你学摩托车的吗？咋还反过来怨我？

当着班长面，黄蒜薹说，你说说清楚，你那是教我呢，还是存心打我的主意？我都不稀罕理你。

说时放下暖瓶，一边收拾我适才打碎的杯子，一边问我往哪里倒垃圾。我随手指了一下门外，又看见她行动不便，就让她搁那好了。老车叫我也不用管她，黄蒜薹就撮起垃圾出去了。

黄蒜薹一离开，老车就挤眉弄眼地说，你看到了吧，这个傻逼快到手了。

说时一副志在必得的样子，又掏出另一个牌子的好烟让我抽。我已不大习惯老车的言行，摆摆手没接。快到手毕竟是还没到手，这个消息叫我稍微宽心了一下。仿佛就为了打击我的宽心，他话锋一转，问我有没有跟白梦娣联系过，她已转到她三姐婆家的邻镇中学去了。见我摇头，他又问我在这里有没有新情况。这家伙起初听说我没回家过年，还以为有哪个女生陪着我，乐不思蜀了。与其说来接我回家过年，不如说探一下虚实来了。见我又摇头，且如此落魄，老车跷起二郎腿笑了，仿佛一切尽在他意料中似的，人模狗样地弹弹烟灰说，宁当鸡头，不做凤尾，你跑到这来受这洋罪，真是何苦哩。

老车辍学后，有事没事还往农中跑，意欲继续干他护花使者的勾当。那天他接单小双又扑了个空，看见黄蒜薹一个人走出校门，临时改变主意说，嗨，老黄，我送你回家吧。黄蒜薹正落寞呢，立即雀跃地说，好啊，你天天接我送我才好哩。老车给黄蒜薹献起殷勤来，送她上学，接她回家，时不时还给她买点好吃好玩的。我想起那次遥远的赌事，知道老车装得再乖怕也是另有所图，思忖着得找个机会给黄蒜薹说

我想碰到鞋匠的可能性不大，而一般的鞋店怕也都关门了，或许百货大楼还营业，就和老车说，这里是城郊，离百货大楼远着呢，我陪你去吧。

　　黄蒜薹说，你赶紧收拾吧，叫他自己去。

　　见老车不高兴，又说，我陪你去行了吧，还真是一步也离不开我哩。

　　我送两个人出屋，自己回来收拾东西，正往一个尿素袋里塞东西，门被推开又迅速地关上了。一回头，一个热烘烘的身体把我兜头盖脑地抱住。我虽没看清是谁，但知道是黄蒜薹，想问问她怎么回来了，没问出口，她嘴巴已经堵了上来。老车没她力气大，我更不行，在农中时扳手腕，她让我一个半手腕我都扳不过她。一趔趄，双双滚到我刚刚叠好的被窝里。我都不知道自己酒醒了没有，也不知道是怎样褪掉衣服的。但纵使这样，我想我仍然不能把自己说得太无辜了，不想说面对一个投怀送抱的少女就把持不住自己一类的鬼话，实际情形是，预谋虽然没有，也算是半推半就吧。因为刚才听老车说他行将得手的时候便已醋意丛生，恨不得先他一步抵达，终于天遂人愿。

　　黄蒜薹直嚷着快快快，我自己更是手忙脚乱得不行，两个陡地燃烧起来的身体，一个比一个着急。经验的匮乏使我想起遥远的童年，光着屁股跟小伙伴打架的时候，我其实已练习过这门技术。那时我会操着那个小东西直指对方，隔着遥远的空间距离乱拱一气，嘴里骂着，我日你亲娘，我日你亲娘。我记得跟老车也这么雄赳赳地对骂过，我正屁股一撅一撅地骂得起劲，冷不防他母亲路过，先是照着我的屁股拍了一巴掌，又腆着个大肚子走到我对面来，小狗日的你日我吧，她说，你今天日不死我我就不跟你小狗日的拉倒。那时老车的母亲已身怀六甲，老车的第四个兄弟行将出世，对于那样的庞然怪物，我比好龙的叶公还叶公，一缩头溜了，还跟受了巨大委屈似的哇哇大哭，跑出好远了，还听见她在那哈哈大笑。一晃多年，虽已不至于被一个少女的身体吓跑，但接下来我还是不知道该怎样进行。黄蒜薹也是激情有余业务不熟，只管难为情地把脸扭向一边，以为横陈到我面前就足够了。所谓无师自通，说到底都是蒙人的鬼话。当下我慌不择路，忙活了半天，才听见她醒过神来似的在我下面嘀咕了一声，不是。

那样的事，在我和黄蒜薹都是人生第一次。我不知一个男孩子的第一次性经历算不算失身，要命的是，无论算还是不算，我都没能成功。因为等我弄懂黄蒜薹的"不是"是什么意思的时候，我已没办法调整我偏离方向的冲锋。好比拍了一封填错地址的加急电报，等眼睁睁地发现纰漏，电波已滴滴答答地上路。而我们都没有重整旗鼓的时间。依老车的多疑和诡计多端，他能给我们这片刻的工夫已是格外疏忽了。那时他一天到晚地纠缠着黄蒜薹，逮住空儿就对她动手动脚。都青春期呢，谁能旷日持久地抵挡住一双来自异性的手，黄蒜薹说她也想了。她的念头是那么古怪，在老车之前，一定先把第一次奉献给我不可。可怜黄蒜薹就为了把她的第一次给我，历经盘算和筹划之苦，一路上都想着怎样支走老车，好跟我独处一会儿。我注目着这个刚刚步入17岁门槛的傻姑娘，想这一切多么宿命。可她还抹着泪水傻笑说，别不高兴好不好，就当人家又逼着你戴了一回手套好不好。这个不伦不类的比喻叫我差点笑出来，却又心酸得笑不出来，只紧紧把她抱到了怀里。

接下来我们迅速地穿衣下床，在老车的摩托车引擎声接近之前，表情和衣物已各就各位。我们偷情偷得有失水准，也欠火候，但打扫起战场来，无一不是行家里手。老车果然没发现什么，因为时间紧迫，她让黄蒜薹穿上一双新买的鞋子，带上我们匆促上路。一路走来，山高林密，时光的力量摧枯拉朽，而这次青涩的性事，却在我成长的河床上中流砥柱，风愈吹愈轮廓分明。一个傻姑娘抹着泪水的笑容，宛若一张遥远年代的黑白照片，朴拙，率真，没心没肺，始终在我记忆的最深处珍藏着。纵使她血流错了位置，疼也疼的不是地方，但带给我的震撼却历久弥新。在时不时的回望中，在与日俱增的负疚和痛惜中，一辈子都不得安宁。

赶到家时天已擦黑。在一片黑咕隆咚的背景里，墨水村里里外外都灯火通明，一派节日景象。因为先经过黄蒜薹所在的黄坡村，她就在村口下来了，老车一个人把我送到了家。实际上，还没走进家门，我就看见自己家跟别人家的不一样了，院里院外只燃着几支在风里摇曳的红烛。我问闻声迎来的父母和姐弟们，村里不是已经通上电了吗？我父母看看老车没吭声，老车嗨了声说，二壶、老一这两个狗日的真不会办事，我早叫他们来给你家送上电，怎么到现在还没送上？又冲我父母说，大叔大婶你们也真是的，也不跟我说一声。你们等会儿，我这就通知他们。

老车一走，我问父母怎么回事，难道老车他们成了电工？

什么电工啊，我弟弟说，电霸哩。

一说我才知道村里还没通上电，电是老车他们几个人挖了条地沟，从村外油井的电机上偷着埋设过来的。因为距离遥远，他们只扯来一根火线，零线则就地取材，或在院子里埋上一块破铜烂铁，或索性在窗户底下插一根捅煤炉子用的铁棍子，导上电线，灯就亮了。一开始是老车他们几家用，接着是他们邻居，或跟他们关系好些的人家。也有偷着用的，一旦被发现了，要么请他们吃顿饭，要么塞一两条烟，慢慢普及至全村。因为电来得容易，灯泡的瓦数一个比一个大，且大多昼夜通明。尽管那时许多电器还没在村里落脚，但用于照明的人家多了，灯泡的亮度明显减弱。又因为埋在地下的破铜烂铁难免有生锈的，导起电来不那么顺畅，忽明忽暗是常有的事。也不知谁先发明的，灯泡暗时，往地线上泼一盆水，亮度会瞬间增强。一个月前的一个深夜，老车他们在二壶处推牌九，灯泡又暗了，老车的牌兴正浓，就指使二壶去泼水。二壶的地线是一根三角铁做的，多半截埋在厨房的窗户底下，他在院子里摸索了半天也没把灯泡弄亮，说是水缸里的水全他妈给冻结实了，怎么砸都砸不开。

你俩先等一会儿，他边往外走边说，我去隔壁弄盆水来。

老车嫌他窝囊，喊他一声没喊住，转脸问老一说，你要不要去尿个尿？

老一怕自己一离开老车就偷着换牌，摇着头说不尿，我一点也不憋得慌。

操，老车说，尿个尿还管什么憋得慌不憋得慌，难道你憋得慌的时候才尿？

老一还是说，我跟你说了，我不憋得慌。

那你就憋着你的狗尿放着喝吧，老车说，看我的。

当下他丢下牌，径直走到露着半截三角铁的地线那儿，掏出家伙就往上面尿，屋里的灯泡骤然明亮。老车一边抖着他神通广大的尿柱一边得意地笑起来，没笑几声，就变了调门，蹦着高爹娘怪叫。这时二壶掂着个空盆子跑来，他没走到隔壁就发现自己家的灯亮了，没想到竟是叫老车的尿给尿亮的，忍不住乐了。就随手扔了盆子，扯开裤子也要再追加一泡尿的，见老车这样，尿虽憋了回去，却不以为然地拍了拍他的肩膀，问他又出什么洋相，值得这样欢呼？他这句话大约没说完整，比老车先一步扑到三角铁上。屋里的老一尚不知是出事了，怔了怔，跑到门外看，又慌得跑到屋里去，完全是下意识地拉了一下开关，那俩人才算保住了小命。

命虽保住了，人却不同程度地受了伤。二壶摔得满脸是血，老车则被电掉了大半拉龟头，不翘起来的时候也看不出什么，翘起来区别就大了，跟偷工减料的假冒伪劣产品一样，从此羞于当众洗澡和如厕。老车后来跟我大发感慨，说狗日的学校最混账了，一个像他这样聪明的人，也被教育得傻了起来。依从书本上学过的知识看，地线应该没电的，怎么还把他的命根子给电坏了呢？

老车一经明白那半拉子肉再也找不回来时，他本来就比我们觉醒得早的性意识表现得更强烈了，仿佛注入他身上的不是电流，而是荷尔蒙激素，时不时就翘起来。他就是在那段时间疯狂地纠缠上了黄蒜薹的，屡不得手，又把脾气发泄到电上，指使二壶、老一把能掐的电线都掐了。电灯再暗也比油灯亮，且电的用途广泛，又不花钱，还是有人会偷偷用。堵不如疏，老车很快就更新了方案，凡用电照明的人家，每月每户收10元钱，有电器的，加收10元。父母省吃俭用惯了，所以过年也黑灯瞎火的，说都点了几辈子的油灯了，电灯不习惯，刺眼哩。

老车领着二壶、老一过来，不仅设备齐全，且个个攀爬的功夫也十分熟稔，专业得跟准电工一样。我不知道该不该用他们的电，推说天黑危险，不如明天再说吧。

没事，老车晃着手电筒说，他两个是夜猫子哩。

二壶老一攀上爬下的当儿，老车从摩托车上取下一个袋子来。袋子皱巴巴的，装的东西却挺阔，不光有包装精美的茶和咖啡，还有一条红彤彤的中华烟。我吓了一跳，他大大咧咧地说，这有什么，要不是怕你不习惯，都给你带洋烟来了哩。

当屋里一下子亮堂起来，父亲没表现出多大的惊喜，母亲却不再嫌刺眼了。送他们走后，她有些怅然地对我说，你不知道，老车他们都弄大发了。我夜里睡不着时就想，省吃俭用地供你上学，也不知啥时供到头，怕还不如在村里混，更能混出点名堂来哩。

父亲正蹲在门口卷一支喇叭烟，我让他抽老车拿来的烟，他自顾自把卷好的喇叭烟掐头去尾了说，来路不明的东西，吸了得噎食哩。噎食是我们那的方言，癌症的意思，在乡间属于报应恶人的顽症，为人所不齿。父亲说着还大声咳嗽了一下，仿佛看一眼也会感染上病似的，神态十分蔑视。那时周围村庄的几个商店相继遇窃，我父亲怀疑是老车他们干的，所以他很不满意我母亲的话，梗着脖子说，他们混再阔，能跟咱一个大学生比？

考还没考呢，我母亲抢白他说，你就大学生大学生的，也不怕邻居听见了笑话。

谁爱笑话笑话去。我父亲说，你看咱大小斯文的，来家大半天了，吐痰都不随地，他们哪个能比？

我不知父亲是从哪学来的随地吐痰这个词，经他一嫁接，倒平添些许俏皮的意味。母亲叫他逗笑了，我也没忍住，笑了。

第五章　夭折

　　有人呼叫服务员，她在我们这屋里耽搁了太久。一开始她以为自己听错了，奇怪我们怎么会跟别人颠倒过来，男的要红酒，女的却要白酒，见我们险些为此僵下来，才一边对着呼叫她的耳麦回说稍等一下，一边笑着建议我们红酒白酒都先酌量来点儿，各取所需。我不知道单小双这样的坚持有几分故意，自己折中了一下，试着说啤酒行不？

　　单小双没吭声，她可能没想到我对酒是这么个态度，但我也不想征求她的态度了，人家服务员等着呢，就说好了，就啤酒吧。

　　服务员一走，单小双笑了说，是心疼，还是怕带的钱不够？

　　我还真心疼，黄蒜薹一个生机勃勃的姑娘到底叫老车给毁了，我怎么可能不心疼！

　　有些秘密注定要烂到肚里，我和黄蒜薹的就是。这秘密潜伏于体内，如同一只虫子，每想起来，胸口那儿就被咬噬得隐隐作痛。等我高考回来，事情早已无可挽回，就像一根被人生拉硬拽出来的蒜薹，黄蒜薹夭折了。

　　我不确定黄蒜薹是什么时候被老车俘获了的。我能想到的是，如果她没有把她少女的"第一次"给我，那么老车的攻势再凌厉，依她的固执和任性，怕也还能抵挡一些时日，直到他明媒正娶了她。虽然他娶了她也难保不是一场悲剧，但在一点保证都没有的情况下就与其厮混，则注定了她肉包子打狗有去无回。

　　黄蒜薹的整个高三下学期差不多都是在校外度过的。家里人以为她在学校里，学校则以为她在家里，除了二壶、老一，没有谁知道她是跟老车鬼混去了。一开始他们是在上下学的路上打牙祭，或麦地或树林里，后来都嫌不解渴似的，干脆在墨水镇租了间房子，过起了同居生活。黄蒜薹可以说是老车包养的第一个女人，但运气并不会因为是第一个而比别人要好，反倒更惨。毕业在即，不得不面对回家这个严峻现实时，黄蒜薹才大梦初醒一样地发现，她已经回不了家了。

　　回不了家的麻烦是禁果结出了果实。就肚子鼓起来的迹象看，那孽种该有三四个月大了。黄蒜薹当即就哭了起来，老车原本就是儿戏着玩呢，此刻更是拿出一份只管耕耘，不问收获的样儿。在这个事上，老车委实应负主要的责任。黄蒜薹再没脑子，也知道每次事前一定要逼老车用安全套。老车嫌麻烦，千方百计地放松黄蒜薹的戒备。很久之后，老车在一次醉酒时跟我说，他那个时候跟黄蒜薹偷情固然证实了他那少了半拉肉的玩意儿并不影响他的快感，但他还想知道其他功能是否正常，比如能否传宗接代。所以阳奉阴违，老车又玩起当初在单小双车胎上做手脚的把戏，在安全套上悄悄扎起了眼儿。同样是扎眼儿，区别大多了，前者会使车胎瘪下去，后者则会使一个人的肚子鼓起来。

　　最先看出端倪的是房东。那天午饭时间，她来催促房租，见两人正为菜里放了太多的辣椒打嘴仗。菜是黄蒜薹从附近小餐馆里要来的，一个麻婆豆腐，一个剁椒鱼头，本身已够辣的了，她还嫌辣得不够劲似的，一个盘里又浇了一些辣椒油，红彤彤一片，着实有些吓人。

在不喜吃辣的墨水镇一带，一个女孩子嗜辣上瘾大约是反常了。房东盯着黄蒜薹上上下下看了几眼就看出了蹊跷来，兀自打趣老车说，酸儿辣女，恭喜你小子年纪轻轻就要当爹了呀。

又胡乱猜测说，你们不是为了躲计划生育才来我家住的吧？咱可丑话说在前头，在这里怀孕可以，但不能在这里生孩子，不吉利哩。

老车开头没听懂，一明白过来，便立即张罗着去卫生院做个B超，看看黄蒜薹怀的究竟是男是女。负责B超工作的是个女医生，说，按规定只检查胎儿是否发育正常，不鉴别男女。老车点点头，一个信封已悄悄地掖到了女医生的白大褂里。女医生虽不知信封里的具体内容，但信封却改变了她的态度。当下她一一指给老车看，恨不得义务给老车上堂胎教课，临了像房东一样地祝贺他说，恭喜你年纪轻轻就要当爹了呀，我保证你女儿会跟她娘一样健康齐整哩。

老车一颗悬着的心落了地，盯着她说，你真敢保证？

当然敢保证。女医生说，我见过的胎儿多了去了，没几个像你女儿发育这样好的，才三四个月大，却像五六个月的孩子一样齐全了。

那就好，老车又矜持地点点头说，那就把她做掉吧。

女医生当即就蒙了，黄蒜薹也是。她虽然跟老车说过他自己种上的，让他自己再拿走一类的气话，然而也仅仅是说说，具体怎么处置肚里的孽物，还没仔细想过。问题是很多事情轮不到她想，老车早就替她想过了。如果是个男孩，我不知道老车会不会犹豫一下，而女孩，他就不认为是什么了不得的喜讯了。黄蒜薹只不过他的一个试验品，当她身体力行地证实了他一切功能正常，她的任务基本上也就完成了。也没什么，他这样搪塞黄蒜薹说，主要是我还没做好当爹的准备哩。

做引产手术是另一个科室里的事情，门诊医生表现出些许不合作的态度，说孩子都这么大了，做掉可惜不说，对身体也不利。老车还是不屑于多说话，只悄悄地把另一个信封掖到了对方的白大褂里。女医生虚张声势地皱了皱眉，又看了看表说，要做那就快点吧，要不下班前来不及了。

老车只想着斩草除根，推着黄蒜薹往手术室走。黄蒜薹一直挺被动的，这时也有些不合作了，拧着身子问老车什么意思？你不是说了会娶我吗？

娶是娶，老车说，可我们毕竟还没结婚，也没准生证啊。

你的信封那么厉害，黄蒜薹说，什么证件办不来？

看你说的，老车说，现在计划生育形势这么紧，咱咋说也得先生个儿子吧。我娘一口气生了我们兄弟六个，你一上来就生个闺女，她老人家会高兴？她不高兴了，我还怎么娶你？还有你父母也都还不知道，他们会同意？

这大半个学期以来，黄蒜薹只顾跟老车瞎混了，何曾想过父母乐意不乐意，此刻脑子里如塞了团乱麻，摇着头说，不行，我得考虑考虑。

来不及了，老车步步紧逼说，你没听见医生说快下班了吗？

黄蒜薹别别扭扭地被他推搡到手术室，还没躺好，听得一阵镊子钳子刀子响，忍不住两手抱住了头。当她裙子被掀上去，一股金属夹带的凉气从下面袭来，黄蒜薹嗷地叫了一声，拨开医生护士就往床下跑。门外的老车拽了她一把没拽住，倒被她一巴掌打了个趔趄，医生护士更拽不住她，一伙人眼睁睁地看着她哭着跑开了。

白做了那么多铺垫工作，到头来又叫黄蒜薹临阵脱逃，老车很窝火，气冲冲追到出租屋里，恨不得跟她打一场恶架，再把她逼到卫生院去，或径自把她肚里的孩子打掉，也好省了一笔手术费，看到黄蒜薹蒙着头在被窝里哭，想来硬的怕是不行，得先哄一下了。还没哄出点头绪，二壶、老一两个人来了。

　　那些天，二壶、老一很难在村里找到老车，而村里好多人家的电费却叫他一个人敛走了，说是包养黄蒜薹开销大，先挪用着，以后再分。说了分却不见下文，两个人的手头上就紧巴了，又赶上老一的媳妇生产在即，二壶要装修新房娶媳妇，便互相商量着来找老车。老车烦躁至极，把两个拉到一边，指着鼻子大骂起来说，你们两个狗日的真是财迷心窍，我不找你们算账已经够便宜的了，怎么还跟我要钱？

　　二壶、老一一听就急了，说，这一两个月赚的钱都在你手上，你跟我们算什么账？

　　老车说，当初我们三个人打赌，说我一年内摸到了黄蒜薹的奶子，你们两个就得请全寝室同学去鸳鸯楼涮一次火锅。现在你们也看到了，我不止摸了她，还把她睡了，赶都赶不走。妈妈的，哄女人上床容易，哄女人下床难啊。

　　二壶、老一谁也没想到老车会把这陈谷子烂芝麻事翻出来，还烧包地感慨什么哄女人上床容易下床难，一时大眼瞪小眼，脑子转不过弯来，只得由着他信口雌黄地胡说。

　　我记得咱寝室差不多有27个人吧，老车说，再有别的同学闻讯赶来，少说也得坐5桌。鸳鸯楼是什么地方，是镇上专门招待县里市里领导吃喝玩乐的地方，菜价那个贵，酒水价那个高，你们想都想不到。一桌按500算，没有2500下不来吧？我欠你们才多少，还当个屁事。

二壶、老一知道钱在老车手里夜长梦多，但夜长梦多到这个份上，还是叫他们没心理准备。这算什么事，他挥霍着自家的钱把黄蒜薹摸了玩了，自家倒一下子冒出2500块钱的天债，可也真他妈的太窝囊了。二壶气得牙齿咬破了嘴唇，老一眼里也瞪出了血丝，老车说，咬啥牙啊，瞪啥眼啊，又不是我无中生有的，好多同学都可以作证吧？

二壶说，你叫我想想。哦，我记起来了，我们赌的是你得摸了黄蒜薹、白梦娣、单小双三个人的奶子才算你赢。

老一说，就是，就是，我也想起来了，得摸了她们三个人的才行。

老车说，操，这才过去一年多，你们两个狗日的就这么健忘，后来方案不是又修改了吗，打碗说碗，打盆说盆，攻下来一个算一个，同学们也好多聚几次。

这回二壶、老一就真只剩下张嘴瞪眼干着急的份了。

实话给你们说吧，老车又说，我既然能摸了睡了黄蒜薹，白梦娣单小双更不在话下。你们也不想想看，论力气，那两个谁有黄蒜薹的大，可她在我床上乖得跟个猫儿一样。我要是腾出手来去收拾她们，还不是探囊取物！

二壶望一眼老一，老一望一眼二壶，同时发狠说，当初曾有个细节上的规定，要你至少当着两个同学的面摸了才算数的。

当面就当面。老车说，别说叫你们看，叫你们玩都行。你们不知道，老黄那骚货好玩着哩。只是这一玩，咱就算清账了行不？

二壶、老一面面相觑，实在跟不上老车的思路，原以为走这步棋可以挽回败局，不期老车直接兜了底，一点回旋的余地都没了。彼时二壶正处在要当新郎官的临战状态，早就箭在弦上了，又听得他说黄蒜薹在床上怎么乖，怎么风情，一腔热血的流速就突突地加快了。拿眼问老一玩不玩，老一也正好拿眼问他，眉来眼去中终于坚定了一个主意，不玩就更亏了。老一毕竟结了婚，又行将做父亲，想想这样跟老车说，朋友妻不可欺。你要是真打算娶她呢，我们两个就认栽了。但你要是玩玩她就扔了，又是拿大家的钱玩的，不如也给大家玩玩，反正老子媳妇的肚子大得跟鼓一样，都一两个月不让玩了。

操，老车说，什么朋友妻不朋友妻的，那都老套了。兄弟感情真好了，才一起玩一个女的哩。

三个人很快达成一致意见。次日晚上，几个人在出租屋里一起喝酒，说着一些云里雾里的话，黄蒜薹既没兴趣听，也没胃口，敷衍了一会，就一个人上床睡了。没多久，老车的表哥也加入进来了，不知是凑巧赶上的，还是老车打了招呼。二壶、老一没脑子，黄蒜薹的脑子也好使不到哪去，半夜时分，老车又钻到被窝里动手动脚，她睡得迷迷糊糊的，只是本能地护住肚子说，你可轻点儿，别碰着孩子。等她觉得异样，又说你轻点，对方不吭声，睁眼一看，才发现早就不是老车那个混蛋了。睡眼蒙眬中，竟有好几个光腚在灯影里晃动。黄蒜薹这一惊非同小可，哇的一声哭叫起来，狗日的老车，狗日的老车你不得好死。

斯时老车出了一身臭汗，跑到吊扇下面吹风去了。那一刻他也许后悔过，但事情早乱了，任谁都控制不住局面了。黄蒜薹又挣扎了几下，便无望地闭上眼，用被子蒙上脸，一任他们在她身上来来回回，直到人事不知。

等黄蒜薹在疼痛中醒来，已是第二天早晨，屋子里空空荡荡的，身下一片濡湿。是房东女人的一声尖叫把她惊醒的。那时有血从她两腿之间流出来，流到地上。屋子里的地面本有些凸凹，此刻都被一片血水抹平了。疯转了一夜的吊扇仍然呼呼转动着，这时风扇搅动的风声就有凉意了，甚至凛冽了。

门外走来的是房东女人，她又来催促房租，但还没敲门，就看见从门缝里流淌出的一股股血水。她跌跌撞撞地推开门，一脚踏到血水里，一迭声，天啊，天啊，你咋流了恁多血啊。

黄蒜薹就是这样被她惊醒的。但她也不清楚一个人怎么可以有恁多血，更不知道怎样才能堵住那奔流不止的血口，想是要抽出枕巾堵住下面，却一点力气也没有，头一歪，双眼迷蒙中竟看见一堆她和不同男人纠缠在一起的照片。照片照得费尽心思，只有男人不同肤色的身体，却没有面目，她则有头有脸，全身裸露无余，甚至还有几分淫荡。房东女人显然也看见了，不知这是唱的哪出了，迟迟疑疑地说，这又是什么意思？

谁知有什么意思，黄蒜薹艰难地笑了笑，咧了咧嘴说，我也看不出来哩。

一屋子血，房东女人见她神志还算清醒，捂上怦怦乱跳的胸口说，院子里也是，连个下脚的地方都没有，多丧气多不吉利呀。我跟你们说过不能在这里生孩子，流产更不能呀。快点收拾一下走人吧，房租早到期了。

婶子对不起，黄蒜薹又艰难地笑了笑说，是个意外情况哩。你先出去一会儿，等我穿好衣服，再收拾一下屋子就走。我走时，会把这个月的房租给你。

我不知黄蒜薹是怎么想的，她给房东女人收拾干净屋子，又用水冲刷了地上的血迹，就一个人慢慢地踱上了街头。就她前进的方向看，她也许要去学校，也许要回家，但她哪里也没去，她在兀立街头的一棵树那儿停住了。树是白杨树，她倚在树上看天空。透过叶子的缝隙，天上有鸟儿飞来飞回，还有一朵雨做的云舒了复卷，卷了复舒。她在树下看天空看了太久，以至于不少人也跟着她懵里懵懂地往上看，行色匆匆中，天空中空无一物。他们实在看不出一个少女眼里的风景，却把眼看迷离看酸涩了，一边揉搓脖子，一边嘟嘟囔囔地说，看吧，看吧，再看也不会掉馅饼哩。一开始有人以为她在等人，或者迷了路，但她不吭不响地看了大半天天空，没做更进一步的行动，直到有同学认出她来，喊她不应，拉她不动，仔细一看，才发现她早已人在魂不在了。

黄蒜薹是流血过多而死的。她本就被老车他们轮番折腾了一夜，流了那么多血，又吹了一夜的冷风，你很难推测她是走到树下走不动了，还是临时改变了主意，要在树下结束她青涩的生命。虽然基本上不存在自杀或他杀的嫌疑，但一个在校学生在人来人往的白天猝死街头，咋说都是一桩非同儿戏的事情。况且黄蒜薹的父母没一点思想准备，那么欢蹦乱跳的一个女儿说凉就凉了，如晴天霹雳，先是在街上哭成一团，又去学校嚷着偿命，事情不可避免地闹大了。派出所立即出动了警察介入，并报请县公安局协助尸检、鉴定、分析，同时着手走访取证。外围调查还没结束，一起命案的大半真相便浮出水面。那些拍得欲盖弥彰的照片还在她身上，只是技巧性再强也不过是自欺欺人。他们大约是想叫黄蒜薹蒙羞含辱忍气吞声吧，黄蒜薹也像他们期望的那样没有指控他们，怎奈机关算尽，除了成功地毁掉了黄蒜薹肚子里的孽种，剩下的事，怕是他们也不希望发生。

事情兴师动众到如此地步，可怜二壶、老一两个家伙俱浑然无觉，一夜疯狂使他们还在酣睡如猪中，便各自被冰凉的手铐铐走。二壶行将娶进家门的媳妇自然没法迎娶了，人家把婚约当成一张废纸甩到他父母面前，他父母都没敢吭一声；老一本来眼看着就是要当爹的人了，终于没当成，一辆三只轮子的警用摩托把他押走的时候，他媳妇一口气没上来昏厥过去，而肚子里的羊水早破了，最后大人虽抢救了过来，儿子却因为严重缺氧窒息而死。倒是老车和他表哥未卜先知，警察围堵他们家的时候，两个人早已跑没影了。

黄蒜薹的死给农中和学生家长敲响了警钟，派出所也对学校附近的出租房屋进行了一次彻底的治理整顿，农中开始把校风校纪建设提到一个前所未有的高度。原校长调离别处的时候，我原以为单小双会脱颖而出呢，再不济也该叫秦阜康出面收拾残局，他咋说也是重点院校走出来的高材生，却不知上头怎么考虑的，竟把重任委到石悄悄头上，由她临时主持校里的工作。已然病入膏肓的农中非但不会在她的治下妙手回春，反而会更糟。

事过多年，我去济南出差时和终于考研成功的秦阜康在火车站相遇。两个人都有一种劫后重逢感，相邀着去街头酒馆小坐。酒过半酣，他跟我一个劲儿欷歔，你能走到今天，可不敢忘了单老师。

我没齿难忘。

第六章　过招

　　咖啡厅这种地方，卖的好像是服务，或者是环境，所以酒菜成了道具，一般不会物有所值。酒比菜上来得快，我见不过是小瓶装的啤酒，却要20多一瓶，多少有点挨宰的感觉。但今天见着单小双，显然不是心疼钱的问题，断然否定她的话说，你说什么啊，只要你真的需要，我可以倾其所有。

　　单小双说，谁信？

　　我只好厚了脸皮说，我信。

　　单小双又笑了，越笑我心里越没底。我想大家好不容易见面了，干吗老说这些不咸不淡的话啊，从实招来说，你可能不知道，我不大喝酒，白酒更不大喝，怕陪不起你哩。

　　谁要你陪了？菜还没来，单小双就往杯子里斟满了酒说，我本来就是要一个人出来喝酒的。

　　师生身份有别，单小双一直硬撑着，宁肯一个人饮苦酒，也从不给我流露她作为女人的一面。一如她胸中有块垒需要浇灌一样，我也还有回忆需要梳理，且让她自斟自饮一会儿好了。

老车一天不到案，人们的心就多悬一天。因为墨水镇的治安秩序固然不好，从来不乏鸡鸣狗盗之徒，但一般也仅限于小偷小摸，突然间冒出黄蒜薹一起命案，人们说不出的错愕，在田间地头见了面，必在一起扼着腕欷歔。有姑娘的人家，夜里都提高了警惕。狗开始跃居一切家畜的首位，每到晚间，都能好吃好喝上一顿。不喜欢养狗或养不起狗的人家，也开始有意识地训练鹅啊鸭啊的听觉和视力，教育它们在下蛋孵雏的同时，务必兼负起看家护院的重任。所谓一波未平，一波又起，恰在此间，有几个负案在逃的家伙从外省市流窜至此，不光打家劫舍，还奸杀了附近村庄的好几个妇女，有一个还是怀胎六甲的妇女，引起公愤，同仇敌忾起老车来。人们有理由推测，这些杀人越货的勾当也都是老车另纠集了一帮二流子干的，直到老车落网，他们才得知那些家伙来自遥远的异地，和老车各自为政，不是一条道上的混混。但在危机四伏之下，人心那个慌啊，流言那个乱啊，一时人人自危，鸡犬都过不上一个安宁日子了。

黄蒜薹葬在他们村后面一个废弃的土窑场那儿，周围瓦砾成堆，垃圾一地，甚至还有一些死猫死狗。坟墓很小，也就一个聊胜于无的小土堆，稍微高出地面一点儿，权做标记。也不是她的父母不心疼女儿，而是情非得已，因为按乡间的说法，黄蒜薹属于暴死，又属于孤魂野鬼，是永远不能入祖坟的，且坟头不能太大，大了才更惹人闲话，有辱门庭哩。可怜黄蒜薹那么大手大脚的一个人儿，活着时活得局促，没名没分，死了也没有一个宽敞的住处舒展身心。好在生如草芥，人死如灯灭，她死都死了，未必在意还有没有一个像模像样的墓冢安置灵魂。但那天中午，她突然在我午睡的梦里出现，摇着我的手说，我都热死了，你也不来看看我。

我一激灵，折身从床上坐起来，黄蒜薹已经没影了，我却出了一身大汗。作为同学，作为她生前最看重的一个朋友，我深感愧疚，也不管天气正热，太阳正烈，忙找了把铁锨，拎了只水桶，一路鬼使神差地朝她的坟墓走去，鬼使神差地要给她栽一棵树去。

我认定我的意识是清醒着的，知道眼下不是植树的季节。但与此同时我更知道，我既不能给她的坟包擅自添土，也没能力给她立一块墓碑，除了去她的坟头上栽棵树，我不知还有什么法儿告慰她的亡魂，让一颗负罪的心稍安。我想她是在杨树下死的，一定最钟情杨树，就去路边地里找了棵杨树苗，又从河里拎了一桶水来。黄蒜薹的坟再小也是新坟，在一片花花绿绿的碎砖烂瓦之间，显得醒目而突兀。我远远看见一个女孩在她坟头前哭，以为是她自己的姐妹，近了才看清是白梦娣。白梦娣已哭成泪人儿了，白皙的面颊上有草屑和灰，坟前有她刚刚焚烧过的一堆纸钱儿，以及几根冒着青烟的香烛。我放下树和水桶，想自己是不是还在梦里，想黄蒜薹这个时刻托梦给我，是不是为了叫我跟白梦娣在她的坟前重逢。白梦娣转身看见我，稍稍惊讶了一下，神情也是恍然如在梦中。还好，她像梦呓一样地喃喃出声说，你总算没有把她忘了。

我真的万分自责和难受，再一次感到自己的疏忽和不明事理，对于一个亡人，也许白梦娣的这些东西才更实用。如果一点用处没有，几百几千年都过去了，人们这种用冥物祭奠死者的方式，何以还会沿袭至今。白梦娣说完又转过头去，一如那位在古书中葬花的女子，用一根秸秆拨弄着那堆已然烧成灰烬的纸钱，兀自默默地流泪。在这之前，我曾和白梦娣见过一面，知道她没有考好。一从考场上回来，我就急着跟老师同学对答案，也去找她对了对。还没对到一半，她的汗就下来了，两手乱抱住头说，你就饶了我吧。

准确的分数还没下来，考中和落第的信息还在路上，但就那天对答案的情形看，我看见已有一道长长的直线，划到了我和白梦娣之间。实事求是地说，就下的工夫和破题的能力而言，我一点也不比白梦娣突出，基础更没她扎实，与其说是我临场发挥得还好，不如说是县一中的老师押题押得太厉害了，几乎每一科里的那些高难度高分数的题目，我们都曾不止一次地给训练过。依此来看，十年寒窗，一考定终身，真的太不公平了。

白梦娣明显瘦多了，看上去柔弱无骨，越来越像那位在古书中葬花的女子。我知道，白梦娣作为黄蒜薹生前最好的姐妹，一句唇亡齿寒怕已不足以形容她此刻的心情，高考失利和痛失友人两件事叠加起来，远不是我能感受体会到的打击和伤害。她先前还是一边哭一边说着什么的，我一来，她就不出声了，只有瘦削的肩头在一起一伏。她虽然没言语，但我想萦绕在她心间的，一定会有"今日侬葬花，他日谁葬侬"的追问和感慨，惺惺惜惜中，固然有点可怜兮兮，却也益发楚楚动人。我想说些让她节哀一类的话，想说些让她化悲痛为力量来年复读一类的话，终是没有说出口，她那样一个姐妹成堆的家庭，能叫她读完高中已是格外开恩，哪还有再让她复读的财力？所以我什么都没说，只是趋步向前，跟她一样默默地蹲下来，默默地把手搭到她的肩头。白梦娣本能地痉挛了一下，却坚持着没有躲开，肩膀一斜，整个人险些倒到我怀里。她没有倒到我怀里，而是思忖着站起了身子，径自把树苗拿到手里说，难得你有这份心，倒比我想得还周到。你老愣着干什么，还不快点给她栽上。

　　天太热，树苗一经离土就蔫了。说是树苗，其实已像一棵小树，根部已比手腕粗，高度也有一丈多了。我刨它时，刨了老大一个坑也没把根刨干净，此刻叶子都打了卷儿。我骂自己该死，比较来去，在坟墓南面选了个位置，问白梦娣看着是否行，她点了点头，我便操起铁锹挖坑。这里的土质明显不好，或疏松或板结，间以瓦砾和碱坷垃，原土覆上去的话，树未必会成活，就让白梦娣先等着，另去旁边的玉米地里挖了些好土来填上。白梦娣扶着树干踩土，兼以浇水，只没想到一桶水下去，一忽儿就没了，不知是树太渴，土地太渴，还是黄蒜薹太渴的缘故。白梦娣要再去河边提捅水来，我想想，还是从她手里要过来水桶，自己到河边去了。

　　我一直忘了说，这条斜穿我们几个村庄的河是金堤河的支流，而金堤河是黄河的支流，支来流去到这里，它已没了母亲河的气象，多数时候风平浪静，清澈得白天可以看见游鱼树影，晚间可以看见月亮星星，绿莹莹亮晶晶的，如同一条锦缎，一面镜子。但眼下正值汛期，河道明显加宽了，水面高出了两岸的地面，昔日一眼见底的河水也浑浊了许多，举目望去，有了滔滔奔腾的架势。我在河边弯腰装水时，晃荡的河面上多出一个暗影，同时突感芒刺在背，一回头，一个人影迅速闪进岸畔的一片高粱地里去。我恍惚觉得那影子有些熟悉，思忖着直起腰来看，却只看到浓密高深的高粱在风中摇曳，连个鬼影儿也没有了。我摘下眼镜，在白花花的阳光下揉了揉汗水迷离的眼，想是出现幻觉了，摇摇头，接着回来和白梦娣植树。要不是白梦娣突然说了句晴天霹雳的话，我真以为是出现幻觉了。

　　你知道吗，她说，昨天晚上我看见他了。

事实上，白梦娣这话仍然没有引起我足够的警觉，因为她是对着黄蒜薹的墓说的，我想当然地把她说的他理解成她了，就说我也是。我也是刚刚看见她了，就跟她还在我们身边一样。

　　你说谁啊，白梦娣猝然转过脸来，满眼狐疑地望定我说，你看见他了怎么还不把他抓住啊？

　　白梦娣说着白了我一眼，负气地把水桶哐啷一声扔到地上，神情已不止是狐疑，简直在愤怒声讨了。我不寒而栗，才知道我们说的不是一个人。原来狗胆包天的老车还幽灵一样地在附近游荡着，并且贼心不死，黄蒜薹尸骨未寒，他就又打起白梦娣的主意。那时白梦娣的五个姐姐已相继嫁到远远近近的村庄里去，东厢房里就她一个人睡。白梦娣说，昨晚半夜，老车翻过她家的篱笆墙，用刀子拨起她的门闩。因为门闩上有个暗插销，他拨了半天也没拨开，倒把白梦娣拨醒了。白梦娣惊问了声谁，他非但没躲，反还隔着门窗说，白梦娣才是他内心里真正喜欢的姑娘，从上高一时就开始苦苦地暗恋她了。他日日夜夜都想着她念着她，即使沦落成了一个逃犯，也不能把她忘了。关于黄蒜薹，他痛心疾首地说，那天晚上他喝醉酒了，没想到二壶老一会趁机对她不轨，更没想到会出人命。又说，在这以前，他一直觉得配不上她才一直没有表白，现在他也知道了她高考没有考好的事儿，受尽了家人的责怨和周围人的冷嘲热讽，与其在村里丢人现眼，还不如跟着他远走高飞。因为他已经在南方一个山清水秀的城市立住了脚，开始老老实实地做生意，老老实实地重新做人。他是为了她才又千里迢迢地赶回来的，只要她肯跟他走，赴汤蹈火他都在所不惜。老车在门外独自道白了很多，几近于声泪俱下，直到白梦娣的母亲出来小解，她父亲也起来给驴添草料，他才一缩头溜了。

跟我说爱我

076

下半夜白梦娣没敢再睡。因为老车走时还不忘叮嘱她一句，要她好好想想他的话，他还会再来。我觉得事情已邪乎到我所不能理解的地步，我无论如何也不会想到，老车竟敢在负案在身的情况下纠缠白梦娣。未必他还真把那次无聊的赌事当成了人生的奋斗目标，非要把黄蒜薹白梦娣单小双三个人给一一摆平了？单小双毕竟比我们大些，知道怎样保护自己，而且眼下又有了新的护花使者，应该不会出什么不测，可是面前的白梦娣呢，她会不会被老车迷惑？又会不会保护自己？我有些着急地擦了把汗说，你怎么想的，不会被他的鬼话打动吧。

　　那怎么会。白梦娣幽怨地瞥了我一眼说，我只是在拖时间，不知怎样控制住他。

　　我说你疯了，那么一个亡命徒，你怎么可能控制住他。

　　可我不甘心，白梦娣说，难道就这样叫蒜薹白白地死了？

　　我也不甘心。我要是碰到了老车，怕也会想着法儿拖住他，直恨自己刚才太粗心大意了，没去高粱地里把那个影子追上，看个究竟。但白梦娣一个弱不禁风的女孩子怎么能冒这样的风险，其结局很可能是她没拖住他，倒被他拖走了。接着她又期期艾艾地说，这样的事为什么会发生在我们身边，发生在我们同学身上？

　　白梦娣的问题几近于天问了。曾几何时，我们这几个住得最近玩得也最要好的同学，青梅竹马，少小无猜，一起上下学的路上，不是扯着嗓门赛歌，就是你追我逐着嬉闹，秋天来临的时候，还会去田野里炸豆子烤红薯，笑声朗朗，其乐融融，眨眼间作鸟兽散，死的死，逃的逃，坐牢的坐牢，只剩下我和白梦娣两个相对而泣的人了。如今白梦娣又被无孔不入的老车盯上，她还能囫囵多久呢？这次是他没有拨开门，下次会不会把门闩锯断呢？会不会破窗而入呢？会不会纠集来别的混混把她劫走呢？其时那伙从外省地流窜来的逃犯还没在河北落网，还在周围村庄里疯狂地作案。墨水镇的公安只有对付本镇不法分子的本领，侦查缉拿业已具备反侦查能力的流窜犯可谓难事。所以到目前为止，还是光打雷不下雨，只见呼啸来去的警车四处出击着察看现场，就是逮不住人，连老车一个土著混混都逮不住。这时别说别人，连我都有点相信老车跟那帮流寇是一伙的了。

时值盛夏七月，到处是比人还高的青纱帐，别说藏一个老车，藏一百一千个老车，你又能奈他何。正疑虑间，恰巧有一股钻天高的旋风陡地吹来，搅得尘沙飞扬，遮天蔽日，旁边地里的一片玉米叶子也跟着哗啦啦响。我又恍惚看见刚才那个逃到高粱地里的影子，怪不得有些熟悉，他不是老车是谁？如果真是他，又为什么会躲我，在背后觊觎我，难不成他要把我给推到河里去？我一惊，本能地环顾四周，一下子把白梦娣揽到了怀里，就像揽住一个随时都可能被人抢走的宝贝。我揽得情不自禁，白梦娣也投入得那么乖顺，后来虽知是虚惊一场，风过处，依然一片乾坤朗朗，但我却没再松开怀里的尤物，一个称谓脱口而出——宝贝，我说，跟我说爱我。

白梦娣没有说爱我，只说蒜薹看着哩。我想起午睡时做的那个梦，斯人已逝，我不能再让另一个好姑娘落入虎口，离我而去。感谢黄蒜薹在天之灵，把我召唤到这里来，把白梦娣当面托付给我，善始善终地做好了她未竟的红娘工作。我把白梦娣抱得更紧更用力了，以至于她不住地娇喘起来，一边喘还一边使劲地往我怀里钻啊钻。真的，我是在另一个姑娘的墓前，突然感到了美好爱情的来临。那一刻我在心里暗暗发誓，我要用我有限的生命来无限地爱惜这个手心里的女孩，疼爱她一生，怜惜她一世，在无边无际的呵护中，给她健康、快乐、幸福和平安。

我和白梦娣认认真真地在黄蒜薹坟旁植了一棵树。不知是心理作用，还是阴阳两界真的有感应，此后的日子里，黄蒜薹虽然还时不时出现在我的梦中，但已不再动辄就说"我都热死了，你也不来看看我"的话了，只要我好好地善待白梦娣，她会在另一个世界远远地祝福我们。所谓心诚则灵，尽管眼下不是植树的季节，此后却偏逢几个连阴天，我们又常去那里松土，施肥，拔草，它立竿见影地撑起了一片绿荫。我和白梦娣每次去那里，都会手捂胸口，默默地祈祷，期望它能茁壮成长，给黄蒜薹灵魂以荫蔽的同时，一并见证我们的爱情。

　　爱情叫人责任顿生，我开始觉得自己不可或缺起来。接下来的日子里，我和白梦娣几乎每天都在一起，特别是去地里干活的时候，我决不放心她一个人去。正是农忙时节，庄稼疯长一气，一天一个样儿，稍一疏于打理，就长疯了。所以，那些天不是我去他们家的庄稼地里陪着她薅草、打药、翻红薯秧子什么的，就是她来我们家帮着我间苗、追肥、捉棉铃虫什么的，形影不离。那是我们最心心相印的一段时光，每当跟她手牵手迎着朝阳去地里劳作，或肩并肩伴着晚霞荷锄而归，我的心就会柔软起来，想只要两个人如许恩爱，在乡间过一生又有什么不好呢？

　　但是，聊城师范学院中文系的录取通知书到底来了。当邮递员晃着车铃，一路穿街越巷驶来的时候，身后跟随了老大一群贺喜的人，连村长支书一肩挑的化肥都来了。化肥此前很少光顾我们家，来也是为了催交提留款项什么的，今天则是锦上添花来了。跟势利而又短视的村人比起来，化肥见多识广，之所以也来凑这个热闹，大约与他这段日子过得不太好有关。村里一下子冒出一伙流氓犯，还跑掉了一个，弄得他颜面尽失，光挨上头的批了，嫌他治村不力，如今却冒出一个大学生，咋说也不是往他脸上抹灰的事，好歹可以冲一冲晦气。

　　大侄子金榜题名，他这样咬文嚼字地给我父母说，是你们一家的喜事，也是我们一村的喜事。我作为村长，也觉得脸上有光啊。我早就说过，墨水村不光有地痞无赖，也藏龙卧虎，看看叫我说中了不是。好了，啥都不说了，今晚我就请场电影来给大侄子祝贺，以后上学缺什么少什么了，也都跟我打个招呼，我这当叔的鼎力支持。

　　我的录取通知书到手，同时意味了白梦娣的落第，可以安慰她的，也就是我那份信誓旦旦的爱情了。白梦娣那时倒警觉过，说以后的生活长着呢，问我想好了没有，想好了再决定是不是让她等我。其实早就成双入对了，她那话也不过虚晃一枪，借以敲打敲打我。而我那时正沉浸在温柔乡里，恨不得天天把她揣在怀里，哪想过以后的生活不生活！

　　好日子过得快，眨眼就到了9月，该收敛一下这期间的散漫和儿女情长，做一点上学的准备了。也正是因为我和白梦娣分别在即的这个严峻现实，我骤然意识到我在她身上犯了一个过分溺爱的错误，别说我们现在还没订婚结婚，就是订婚结婚了，我也不能天天把她拴在裤腰带上。那时候我爱她，就像一个庸常的父亲爱一个女儿，含在嘴里怕化了，托在掌上怕摔了，梦里都要拉着她的手，睁开眼睛的第一件事，就是看看她在不在身边，从没想过有一天我必须离她而去，没想过之后至少有四年的时光，得让她一个人独自承受。我已不敢指望她自己保护自己，而一下子揪出来老车又不是我力所能及的事，一烧包起来，我几乎要视烫金的录取通知书为烫手的山芋了。

　　这时，白梦娣父母提出在我上学前把我们的婚事定下来，说前村后村的人都知道了，拖着不合适。我父母也是这个意思，巴不得地说，这么着安排最稳妥，大小可以在校里安心读书，六妮也可以在家里安心等他，两全其美哩。老人们用心浅显，以为一纸婚约就能了却一桩心事，却不知我心中有更深层的顾虑。我担心的是什么禁区都敢闯入的老车，他早已练就了越雷池如履平地的本领，如果不犯事，兴许会念及我们之间的友谊而有所顾忌，如今都亡命天涯了，再高的门槛于他不也是形同虚设？他亲口给我说过"白梦娣那里你放心好了，我一不会动她，二会替你照顾好她"的屁话，这才多久的事，他就出尔反尔，半夜三更地拨起她的门闩来。我一走，谁敢保证他不会做出更出格的事来？也是在这些虚妄的想象里太剪不断理还乱了，梦里都不得安生，那天早晨起来，终于急中生智，准备提一兜烟酒糖果什么的给老车的父母送去，让他们转告老车，我本来要请他喝我和白梦娣订婚的喜酒的，现在不方便，只好送点喜糖来了，言下之意是给他说，白梦娣现在可真是我的人了，不能再打她的歪主意了。

那天走到半路，碰到村长化肥。化肥也有一辆摩托车了，比老车他们那辆还高级。搁平时他也许不屑于搭理我这个半大孩子，但因为我好歹考上学了，才先行停下车来，看看我手里的东西，又看看我前进的方向，笑着问我干什么去。我手里拎着礼品兜呢，一下子也不好拐弯儿，只得故作轻松地说，我和白梦娣要订婚了，给老车那家伙送点喜糖去。他是我们的同学哩。

想想化肥为我的事请过一场电影，还许诺有困难了给他打招呼，就临时编排说，俺娘也给你准备了一兜，但她说她要亲自给你家送去哩。

化肥笑了，先是贺喜了几句，随即就把我拉到一边，压低声音说，老车那家伙回来了？

我赶忙摇头，不敢儿戏。化肥见我也是真懵懂，又说，老车个狗日的把事弄大了去了，县里接到上级指令，都要把他跟公安部明令通缉的那伙流窜犯并案侦查了，你可不能知情不报，为他把自己的前程耽搁了。现在风声紧着呢，你还给他送的什么东西？

临了问我，你能不能确定他家的人知道他在哪里？

化肥的神情和问题唬了我一跳，这时我才觉得我这个灵机一动而来的点子实在是蠢，几乎没有可行性，有点与虎谋皮不说，且此地无银。这不明明在说，老车还在附近晃荡着，他的家人一定知道他的行踪吗？我送去的与其说是喜糖，不如说是一堆屎，老车父母未必高兴，怕还要怪我给他们头上扣包庇罪窝藏罪哩。真要感谢化肥一席话，是他终止了我这个吃力不讨好的行为，忙擦了把汗，顺手把那兜礼品丢到他车筐里说，我听大叔的，不给老车那狗日的送了，他不配哩。正好碰见你，也不用俺娘再往你家跑一趟了，回头再请你来我们家喝喜酒啊。化肥不见得稀罕我那点东西，但因为有喜糖在内，也不好太推辞了，客气了下，又说了些贺喜的话，再次表示以后上学缺啥少啥了，只管给他打个招呼就是。

回来看见白梦娣。她把这几天赶做的几双鞋垫和一双布鞋送了来，一边让我试一下一边说，在外面不比在家里，要是嫌布鞋穿不出门，就当拖鞋在宿舍里穿也好。我知道一个女孩子清贫如她，能送心上人的东西也只能是这些了，就立即穿到脚上，来回走了几步，还扬了扬腿说，我怎么会嫌它们穿不出门，我要天天穿着它们上课下课的，哪里人多穿到哪里显摆去。有一句话是怎么说的，对，我就要穿着我媳妇做的鞋子招摇过市给他们看。

那时我早已媳妇长媳妇短地叫她了，她也早已默认了，撇撇嘴笑说，谁要你显摆，人家是担心你那双与众不同的脚哩，好出汗，一出汗还臭，这布鞋最吸汗，穿上它，不至于熏跑同屋的人哩。

　　我想这就是知冷知热的小媳妇了吧，就试了鞋又试鞋垫，连声说舒服，舒服死了。

　　我母亲看见了，也在一旁凑趣说，媳妇做的鞋就是比娘做得好。我给他做了那么多鞋，都没见他这么欢喜过。这小王八羔子，人家是娶了媳妇忘了娘，他没娶就忘了。好，我们当老人的这就把你俩的事定了，把我们忘了，我们倒还落个清净哩。

　　白梦娣娇羞而甜蜜地笑了，一脸的知足和幸福。因为还没举行什么仪式，她也没改口叫我母亲叫娘，只一边喊了声大婶，一边遮掩着拿起我换下的鞋子要去洗刷。我忙把她揽过来说，先不忙，有正经事要跟你说哩。

　　我母亲早劝过我不要动不动就跟白梦娣搂啊亲的，那是城里人油田人的做派，村里人怕看不惯，可我哪能管得住自己，看见白梦娣就情不自禁，就恨不得把她生吞活剥了。白梦娣都快习惯了，倒是我母亲还有些不好意思，又不便当面说我，借故喂鸡喂鸭出屋去了，而我也真有事要跟白梦娣说。虽是自由恋爱，双方老人也一拍即合，但按乡间的习俗，还是应该有个人出面撮合一下才更名正言顺些。有摇唇鼓舌的媒婆毛遂自荐，我不高兴让她们摘现成的果子，白欠一份人情不说，也显得掉架子。白梦娣来前，我已和母亲讨论过这事，说有一个现成的人，单小双比谁都合适。不如就请她来，也不枉她教了我们一场。我母亲也觉得单小双能出面最好，但又心存顾虑，叫我先问问白梦娣的想法，看她乐意不乐意。谁知跟白梦娣一说，竟把她给说恼了，以至于恋爱以来，我们之间发生了一次最为剧烈的口角。她可能又想起了我和单小双雪夜同宿那桩事，软绵绵的身子很快就不软绵绵了，脸也一下子失去了血色，她猝然挣脱我的怀抱说，我们今天能走到一起，要感谢也该感谢黄蒜薹，与她有什么关系？

我母亲走过的桥到底比我走过的路多，我这是戳到马蜂窝上了，赶忙息事宁人地赔笑说，是该感谢黄蒜薹，可她不是不在了吗，她还怎么给我们圆场？将来又怎么给我们证婚？我只是觉得单小双熟悉我们俩，觉得她合适才想到她的，不过走个过程，顺手给她个人情，值得你动这么大气？

白梦娣俨然爆发了，只是怕我母亲听见，才极力克制着，却又不容易克制住。你那是送人情啊，她手指抖抖地说，你怕是巴不得把整个人都送上去哩。

看你说的，我有些汗颜，涎着脸辩解说，你都想哪去了？

你说我能想哪去？白梦娣冷冰冰地说，你不肯欠媒婆人情，却拱手把人情送给她，鬼知道你到底安的什么心，献殷勤也不是这么个献法啊。叫我看，与其求人家做媒，还不如直接向人家求婚好。趁着她还没嫁人，没准就能求得成哩。

我不知白梦娣为什么一定要跟单小双势不两立，也不知在我看来那么美丽纯粹的一个夜晚，在她那里，为什么一点也不美丽纯粹。我本来要厚着脸皮赔笑到底的，再把她揽过来说几句好话，直到她消气，不知怎的转念一想，索性把皮球踢过去说，托媒婆我不高兴，托单小双你不高兴，而黄蒜薹又不在了，那你说请谁来吧。

白梦娣陌生地看着我，仿佛不认识我了似的，怔怔地说，这也是该我做的事吗？

她不接球，我只好自己继续踢着皮球玩说，我这不是在跟你商量吗。

我不管，白梦娣蛮横而决绝地说，反正请谁都不能请她。

那时我已打定主意要跟她吵一场恶架了，也蛮横起来说，你看你厉害的，还能你说啥是啥了，我要是非请她不可呢？

白梦娣憋了半天的眼泪终于憋不住了，哗哗淌满了脸，也不去擦，比先前更悲愤更绝望地摇着头说，你考上学了，是该找个有身份的人做媒了，只可惜我们已配不上了，那就请不要再把我跟你扯在一起说了。

白梦娣说完就跑出屋去，害得我母亲一溜小跑也没赶上。刚刚下过一场雨，村里的街道很泥泞，我母亲好几次差点跌倒，惹得满村的人一惊一诧的，纷纷问她怎么了怎么了，刚才那小两口不是还亲亲热热的吗？我母亲拍打着胸口，好半天才喘过一口长气说，可叫这小王八羔子气死我了。有受冷落的媒婆也在其间，此刻巴不得看笑话，趁机直抒胸臆说，孩子的事孩子自己做主，你就别跟着瞎操心了，跑了她，还怕咱孩子找不着更好的？叫我说，他俩本来就不般配哩。又有闲不住的嘴巴帮腔说，是啊，是啊，她没跟咱孩子一样考上学不说，家里还又穷又事多。她娘一拉溜生了一串丫头片子，她也细细瘦瘦的，一看就是块生不出儿子的坏子。这时立即有人站出来作证说，他们白家二妮不是嫁到我娘家那个村了吗，头胎二胎生的都是闺女，听说其他那几个妮子也是，你还追啊撵的，把你摔着磕着了，那才不值当哩。

我母亲眼看追回白梦娣无望，也顾不上跟她们嚼舌，家也没回，就径直去地里把正在侍弄庄稼的父亲叫来了，让他好好教训我一顿，最好吊在梁头上打。这事我从头到尾都听见了，她这样跟我父亲说，一点也不怨人家小六妮，是他小王八羔子没事找事。你这回饶了他，不定他下回咋作孽哩。

我父亲一听也着急啊，在田间地头歇晌时，他都跟白梦娣的父亲商量好订婚那天摆几桌酒席了，冷不丁我俩闹翻了，还不得吹胡子瞪眼地发脾气。好在我跟白梦娣吵架那会儿他没在现场，我母亲转述得再详细，他也得有个消化吸收的过程，况且从地里到家里有一段距离，他一路挥舞着一把粪叉气势汹汹地走来，走到我跟前，已是强弩之末了。所以他没听从我母亲一个妇道人家的意见，把我捆起来，再吊到梁头上打，而是哐啷一声把粪叉扔到我跟前说，你小狗日的翅膀硬了是不，没人能管得了你了是不，我告诉你，别说你今天成了大学生，就是将来成了留洋生，老子还该咋揍你就咋揍你。

你揍啊，我父亲光打雷不下雨，我母亲十分不满意，又在旁边纵容他说，你不揍他不会长记性哩。

在乡间，我父亲还真是难得的好脾气，从小到大都没打过我，当然也没打过别的姊妹，每说起这来，都令老车他们啧啧称奇。彼时，我母亲一直在后边叫着阵，墙上门缝里也有好事的眼睛在盯着，我父亲不表示一下显然是太不给大家面子了。他搓了下手，环顾了下四周，四周没有凑手的家伙，而横在我们之间的粪叉又太具杀伤力了，就愤怒地踢了它一下，直踢到眼不见心不烦的地方，才照着我的后背拍了一下说，你小狗日的发什么傻，还非得揍一顿才行？光会捅娄子算什么能耐，真有能耐就去把窟窿补住。我先放你囫囵着给人家说好话去，说不下来了，看我怎么收拾你。

在教育子女成长这桩事上，我父亲本着一个老实人朴素的智慧，恩威并施，处乱不惊，真是比我咋咋呼呼的母亲艺术多了。当下我被父亲驱赶出家门，一路踽踽地朝白沙村走去。我母亲怕我空着手去显得没诚意，忙又临时准备了一兜礼品，让我弟弟从后面赶上来，让我提上。他们给我的任务是去给白梦娣赔罪，跟她父母说好话，我也是这样应承的，且确确实实地意识到自己太伤她的心了，心里很疼，很懊悔，她哭得梨花带雨的脸，一直在眼前闪回。但一出了村，我还是想一不做二不休，我行我素地要按那个既定的方案行事，先去找单小双，把她这个媒人落实了。

单小双和白梦娣都是白沙村的，两家相隔不远，也就几条胡同的距离。从我们村去单小双家要路过白梦娣家，一过了桥，她家的篱笆墙就横在眼前。连天阴雨，河里的水比先前更满了，浩浩荡荡的，两岸河坡上的树木，有多半截身子没在水中。一群在河里捕鱼捉虾的鸭子有几只是白梦娣家的，远远看见我来，就擅自脱离了群鸭的游戏，出出溜溜地爬到岸上。我虽还认不全它们，但它们大约都认识我了，一边抖擞翅膀上的水，一边向我打招呼。一只灰褐杂色鸭的嘴巴上还叼着一条尾巴乱晃的柳条鱼，语焉不详地冲我打招呼，仿佛问我吃不吃。这是一个多么好客的人家，连鸭子都这么心地善良，难怪我母亲不为那帮搬弄是非的长舌妇蛊惑，在儿子与儿媳的分歧上，立场鲜明地站在儿媳一方。我庆幸自己有缘与这样的人家结亲，行将成为他们家最后一个女婿。

时近中午，白梦娣家厨屋的烟囱上还没冒烟，越过篱笆墙望去，院子里少有人迹。我不知白梦娣怎么给她父母说的，是不是还在哭。我在她家的柴门前慢了慢步子，一咬牙，低头走了过去。

乡间一年到头不断人，夏天散坐于树荫下乘凉，冬天扎堆在墙根下晒暖，一边东家长西家短地闲话，一边还不耽搁干活儿，女的缝补浆洗编织，男的垒墙修缮积肥，安贫乐道中，倒把漫长而又艰辛的人生打发出些许从容不迫的意味。白沙村的人，我原本有一多半不认识，因为这些天频繁出入的缘故，也大都混了个脸儿熟了。走过他们跟前时，我会笑一笑，点一点头，算是打过了招呼。他们的眼神里布满狐疑，我怕自己的行径怪异，惹人闲话，忙加快步子，在他们交头接耳的窃窃私语声中，伸手推开了单小双家的院门。

其时单小双正在准备嫁妆，据说要凑十一国庆节结婚。我见她和她母亲正在院子的一棵大槐树下赶做被子褥子什么的，地上铺了一张秫秸编织的大席子，席子上又铺了一块黄颜色的厚塑料膜，塑料膜上摆满花花绿绿的棉花和布匹。单小双的兄弟和她父亲可能去地里干活了，还没下晌，她和她母亲跪坐在一个有龙凤呈祥图案的被子上飞针走线。单小双母亲随口问我母亲身体是否好，她有一阵子没见着她了。又问我是否做好了上学的准备，什么时候走。我说下星期就走，来给小双老师道个谢，辞个行哩。单小双母亲笑了说，你这孩子倒还有心，没把你老师忘了。这来就来呗，还拿什么东西。说着看了看时隐时现于树梢上的太阳，一边站起来拍打身上的线头棉絮一边说，你要是不急着走，有用着抻抻翻翻的地方，你就给她帮个手，我给你们做饭去。

老人一走，单小双就问我有什么事，正热恋着呢，放着好好的白梦娣不陪，跑这里干啥来了？我知道她还不知我俩闹翻的事，想想也不必跟她说，估计再有一两刻钟，就会有风声传达到她的耳际。我说过我们墨水白沙黄坡是三个呈品字形坐落的村庄，是亲戚套亲戚地边挨地边的近邻，仿佛一个三足鼎立的整体，别说人之间的走动有多密切了，就是牛羊骡驴都可以自由恋爱，互相串门。但凡这块地面上发生什么事，一个村的人知道了，三个村的人便全知道了。此刻只因为她在家里忙着，才没有及时听说。没听说更好，我也可以权当没有那场不愉快了，故作轻松地说，我就是为我和白梦娣的事来的，想请你当我俩的业余媒婆哩。

不会吧，单小双略略一惊说，梦娣会高兴？

我说她怎么会不高兴，就怕你不高兴哩。

君子成人之美，单小双说，我有什么不高兴的。我怀疑又是你自作主张，你还是不大了解她啊。

　　我不知单小双何出此言，只说我刚跟她说好了的，才又来的你这里，不会为难你吧？

　　你不都看见了，单小双笑了，扬扬手里的针线说，虽然业余，也能凑合着穿针引线哩。

　　顺眼望去，单小双手中的针线在被子里出出进进，上下翻飞，我也不由笑了说，老师就是厉害，干啥都是行家里手。

　　话说到这里，事情就算谈妥了，我知道单小双再忙，也会挤出空儿，尽快玉成我和白梦娣的婚事。所谓好事多磨，她显然不清楚一时半会儿还玉成不了我们的姻缘，我的目的也不在此，就像演戏上瘾的演员，明明该谢幕告退了，还硬赖在台上，死活不肯下场。单小双见我意犹未尽的样子，在我眼前晃了晃手说，你发什么愣儿，未必还真要吃我们家的饭不成？

　　谁要吃你家的饭了，我回过神来，皮劲也跟着回来了，忍不住一把捉住她操着针线的手说，我是想跟你握个别哩。

　　少讨点厌吧，单小双也憋不住笑了，一边往回抽手一边说，小心扎住你。

　　我还是不肯放开她的手，忽然有点犯贱地说，老师，你再刮一下我的鼻子呗。

　　单小双瞟了一眼她家的厨屋，见房顶上已升起袅袅炊烟，知道她母亲在忙活着，也顽皮地笑起来，一边曲起手指，蜻蜓点水地刮了一下我的鼻头。我相当不满意，连声说不算不算，刮得太轻太象征性了，很可能是最后一刮了，你得刮出点纪念意义哩。

我想我真是犯贱啊，就那么涎了脸，微闭上眼，凑上去鼻头，一心一意地等着单小双的手指降临。单小双想是也清楚这很可能是最后一刮了吧，也真要刮出点纪念意义来吧，就那么屏了声息，举起手指，由远至近，由高至低，慢慢地掠过我的额头、眉心、鼻梁，眼看就要触碰到我仰着迎接的鼻头的时候，空中陡地传来一声当头棒喝——不要脸！

　　我从迷醉中猝然惊醒，寻声望去，一个踉跄的身影已哭着跑开。我知道那是白梦娣，只是不知道她是什么时候出现在门口的，也不知道她目睹了多少在她看来不堪入目的内容。那会儿我和单小双的注意力都放在她在厨屋里做饭的母亲身上了，没大想隔墙有耳，门外有眼。她不明真相，那句言简意赅的"不要脸"虽有断章取义的嫌疑，但显然已一言以蔽之了，不单单指我，也囊括了单小双。单小双一下子气白了脸，浑身乱抖乱颤的，要赶上白梦娣解释几句，可惜一时间找不全鞋子，光着一只脚趿拉着一只鞋子跑出门外，胡同里哪还有那个怆然受伤的影子，倒沾了一脚泥水。你干的什么鬼名堂，她气急败坏地走回来，索性把另一只鞋子也踢飞了说，你给我滚。

　　女人就这点不好，越是关键的时候越靠不住，不论她多愿意跟你玩，也不论她跟你玩得多开心，一旦情况不妙，即刻就跟你翻脸，恨不得把所有的是非都推干净不说，还跟蒙了多大的冤似的，几乎不需要过渡一下，就可以摇身一变成了一个受害者。单小双此刻的表现充分说明了这一点，一个在我看来如此纯粹的女孩子，到头来也不能免俗。要不是我已警觉，早有防备，眼疾手快地一把接住她的鞋子，她准能有的放矢地踢到我脸上。好在白梦娣已说过我不要脸了，至少也是其中一个不要脸了，就自己替她用鞋子摩挲了下脸，把矛头全揽到自己头上说，老师对不起，这样行了吧？你不用急，也犯不着生气，她那是说我哩。

单小双也似乎察觉到她刚才的反应有点过激了，不置可否地摇摇头，有些疲惫错愕地说，她都哭成那样了，你还在这里嬉皮笑脸。我现在真有点儿弄不懂你了。

　　私下里，我不光视单小双为我的恩人，也视她为我的亲人，只因为师生身份有别，我从来都规规矩矩的，没敢在她面前说过过头话，做过过头事，此番就放松一回又如何呢？我想自己也许真是一个嬉皮士了，弯腰给她找到另一只埋在一堆棉花下面的鞋子，一并放到她脚下说，记得下次揍人时，一定要穿上两只鞋子揍。穿上啊，要不我给你穿。

　　单小双终于绷不住脸了，恶狠狠地刮了一下我的鼻子。你就少在这儿贫点嘴吧，她说，快点劝劝她去。

　　我摩挲着突然灼热起来的鼻头，想她这次刮得多少该有一点纪念意义吧，本要给她挤挤眼，笑一笑，又怕她再怪我嬉皮笑脸，便跟她挥挥手，走几步才转回头来，不知是安慰她呢，还是安慰我自己，竟像梦呓一样地喃喃出一句混账话来，没事，我说，真的没事。有时候，爱情需要哭一哭。

　　是的，有时候，爱情需要哭一哭。

　　第二天晚上下半夜，传来一个悬念已久的消息，老车落网了。

　　老车是在跟他那个光头表哥一起劫持白家六妮时被逮捕的。就像上次的二壶老一两个帮凶比他更倒霉一样，这次也是他的表哥比他更晦气。他表哥在遭遇围捕时狗急跳河，一头撞倒了一个警察，自己一个猛子钻到了河里。原以为一口气可以游个十万八千里呢，不料还没游出半里地，便被一枪击中了左手。右手虽然比左手力气大，但是孤掌难划，又乱了方寸，连呛了好几口水，便再也扎不成猛子了。等警察围追堵截过来，他还要妄图潜到水底下去，结果惊惧交加，让一口水呛没了小命。

他一死，老车就好抖搂自己了，也不管表哥不表哥了，使劲往他身上栽赃。在后来的交代材料上，老车说他本没打算劫持白梦娣的，他想她都跟我闹崩了，她又亲眼看见我跟单小双调情了，三两句话就可以把她说动心的，哪料到从三更天快劝到四更天了，白梦娣还是摇摆不定，反反复复地抱着几件破衣服说，你总得叫我收拾一下啊，你总得叫我收拾一下啊。几件破衣服有什么好收拾的，抻开来叠上，叠上再抻开，催逼得急了，就又两手抱住头说，你叫我想想，你叫我想想。收拾了那么久，想了那么久，还是要收拾要想，终于有宿在树梢上的鸡打起鸣了，邻家的狗叫起来了，老车担当放风任务的表哥也沉不住气了，一再唆使他来硬的，只要捆住她的手，抱到摩托车上就没事了，这哪是跟心上人说悄悄话的时候。那时已不止时间很紧迫，白梦娣的母亲业已要出来小解，她父亲也要给驴添草料，只不过他们出不来门罢了。老车说，他表哥早在擅自撬开白梦娣的门以前，同样自作主张，把她父母的门从外面锁上了。她父母一边使劲地拍打门，一边呼喊白梦娣，弄得老车万不得已，才由着他表哥堵住了白梦娣的嘴，又反剪了他心爱的姑娘的手，他几欲制止也没制止住。我想白梦娣的想啊收拾啊都是在拖时间，意欲控制住老车，她在我这里受的打击再大，伤害再深，也不至于脑子发热到要跟一个逃犯私奔吧。但我早就说过，她是不可能控制住那么一个亡命徒的，结果她不听我再三再四的劝告，非但没拖住人家，反被人家拖到摩托车上去了。

好在他们也只能把白梦娣拖到摩托车上，不可能拖到更远的地方，不出百步，就会有荷枪实弹的刑警从天而降。早在前天下午，墨水派出所就接到了从县公安局下达的立即进入一级警备状态的指令，随时集结待命。那时他们得到情报称，有人在白沙村西头的一片玉米地里发现隐约有几个形迹可疑的分子，很可能是那伙从外省地流窜来的逃犯在踩点，又要伺机作案。所以这次捕获老车的，不仅有镇派出所的公安，还有从县局从邻镇借调来的警力，如剿大敌。他们昨天就在白沙村的桥头和几个主要路口蹲点守候一夜了，老车这次能耐再大，也难以带着他心爱的姑娘成功逃逸。因为他心爱的姑娘我也心爱着，我怎么可能眼睁睁地看着他把她带走；不消除他这个隐患，我又怎能在大学里读得下书去！就像舍不得孩子套不住狼一样，舍不得媳妇也不行，拿一个无辜的少女做筹码，是我跟老车之间最秘密也最惨烈的一次豪赌，或者说战争，他输了，我险胜。

但是，我险胜的代价不堪回述，这是我要到多少天后才能感受到的切肤的痛。尽管老车的那个秃头表哥口碑不好，坑蒙拐骗，吃喝嫖赌，又是因为拒捕而死的，不少人还都说是死有余辜，并且跟我有过节，在帮着老车打劫单小双时往我腰上踹过一脚，至今想来还觉得窝囊，甚至还疼，但一条人命夹杂事间，仍然是我始料不及的。与老车手足相残便也罢了，把他表哥也牵扯进来，成为我苍茫人生中又一个噩梦般的阴影，既不能与外人道也，又挥之不去，好多年过去，也许老车早把他忘了，我还兀自摆脱不掉一个水鬼的纠缠和折磨。更让我没有想到的是，白梦娣虽然屡有控制住老车的念头，但事到临头，她哪能做到像她想象的那样从容。我忘了那正是她时运最不济的一段时光了，高考落榜，好友遇害，恋人翻脸，这些乌七八糟的事情纷至沓来，她一个姑娘家还有多大的承受能力？当她眼睛被人家蒙上，嘴巴被人家捂上，手被人家捆上，又像一捆稻草一样地被人家扛到摩托车上，那与其说是她的身体，不如说是一具空壳，她早魂飞魄散了。那一刻她也许想起了她的闺中密友黄蒜薹，黄蒜薹的厄运要在她身上重演，一群男人在她身上进进出出，直至人事不知，在血泊中死于非命。所以直到我离开家，白梦娣都还魂不附体，余悸未息中，一出就是一身冷汗。我真的放心不下，是已先行进入角色的岳丈岳母表示会提高警惕，让我只管上路，小六妮这里，他们会替我照顾好，到时保准还我一个毫发未损的媳妇。我父母也说，有事没事他们都会来陪陪白梦娣，或把她接到家里去。我想，总有一天我们会各自抚平心头的伤痕，重修旧好。

第七章　迷失

　　两个人的叙旧变成一个人的回忆，我没想到我和单小双会话不投机到此，只能先搁一搁再说了。而单小双仿佛真是为了喝酒来的，五瓶啤酒，我面前一瓶还没见底呢，她那里已四瓶皆空了。我劝她吃点菜，她也不怎么吃，径自又叫服务员送啤酒。酒一瓶瓶送来，又被她一瓶瓶喝光，眼看着她面前已站了十几个空荡荡的瓶子了，觉得无论如何得阻止她一下了，就从她手里要过来酒瓶子说，你看我们光顾喝酒了，还没怎么说说话呢。

　　单小双也不跟我争，只是起开了另一瓶噌噌冒着泡沫的啤酒，分外疲惫沧桑地说，又有什么好说的。

　　是没有什么好说的。

　　我怎么也不会想到，我和老车殊途同归，居然一前一后进了城。我在聊城东郊读书，他在聊城北郊改造，我们还是生活在同一个屋檐下，我还是无法忽视他的存在。他压根也不想叫我忽视他，早在县城看守所羁押期间，他就把我当成救命的稻草，几次发明信片给我，托我给他疏通关系，帮他打官司什么的。我哪有那么大的能耐，也从内心里不愿意管，只是一想到他的事多少与我有关，况且又对他死去的表哥怀有歉意，毕竟心虚，就从牙缝里挤出点钱来，硬着头皮给他找了个律师。律师是我大学同学的爸爸，说老车这案子，数罪并罚至少要判15年有期徒刑的，他上下游说，没少在法庭内外做工作，终于在11年上生成判决。因为是批捕在逃，又是主犯，案子速战速决，老车很快就转到我就读的这个地区所在市服刑，与我咫尺之遥。这样一来，他更是不停地写信或干脆托人捎话来，让我给他送吃的用的，甚至烟茶，仿佛我上辈子欠了他一样。我先前对他入狱而滋生的那点愧意，至此又被他亲手破坏掉了。

难为你送这送那的，老车这样辩解说，我自己也不好意思。可这里离家四五百里路，让老家来人，总不如你更近便些。等我出去了，再十倍百倍地还情。

我并不指望老车还情，但我不明白我怎么会如此摆脱不掉他的纠缠，总算考学进城了，他也如影随形地跟了来，叫我一天都不得清净。因为去看他就得顺便也给二壶、老一捎带点东西，都是光着屁股一块长大的伙伴，哪能厚此薄彼。比起他来，我倒更愿意多看看二壶、老一。我的日子就此捉襟见肘，好容易争取来的一点奖学金和从牙缝里省下的几个钱，大多都花在了他们几个混混身上，以至于大一上学期结束，我连一张回家过年的车票都买不起，连跟白梦娣团聚一下都办不到了。

但这仍然不是事情的全部真相。

真相是，我骨子里活跃着既不安分又靠不住的因子，丰富而多元的大学生活使我几乎忘了乡下还有一个未婚的妻子。那么多闻所未闻的新思想，那么多刺激又充满挑战性的文体活动，叫我一个来自农村的孩子眼花缭乱，忘乎所以，随波逐流中，也跟着懵里懵懂地参与到喧哗与骚动中去，一天天地忙于空谈，结社，参加这样那样的演讲朗诵辩论比赛。动辄指点江山，随处激扬文字，多是些形式大于内容的行为艺术。到暑假，我们几个不同系别的同学勤工俭学，联袂开了几个少儿书法绘画作文音乐辅导班，天天脚步匆匆，这个班出，那个班进，跟明星赶场似的，煞有介事。好容易到了第二年寒假，我仍然没及时回家，我跟师院的一帮同学登长城游孔府爬泰山去了，甚至还险些谈了一场恋爱。那天黄昏，我们在泰山滑雪，我和另一个女生在乐不思蜀中掉队了，先后滑出了规定的区域。仗着雪橇，我们虽然没少产生飞翔的快感，没少尖叫大笑逗趣，但也不同程度地摔伤了胳臂腿儿。她跟我既不同系，也不同级，低我一届，数学专业，原本鸡犬之声相闻，老死也不相往来，旅途中却走到了一起。她发现自己离群后就蹲在雪地上哭了，一眨眼由一个快乐天使变成了一个落难美人。我最见不得女孩子哭，跟著名的花痴宝哥儿有一拼，不光心里怜香惜玉，还动手把她拉起来，告诉她不用怕，只要跟我走，一定能走出这深山老林去。还现场发挥，在她耳边胡诌着行吟出一首诗来——

没有比在路上的人，
更需要结伴；
也没有比结伴同行的人，
更能决定我们走多远

女孩很快破涕为笑了，雀跃地拍了一下我的肩膀，又挽上我的手说，是挺蒙人的，不过我喜欢。可你怎么知道我有这个怪毛病的？我只知道自己有毛病，不知道她也有，正有点摸不着头脑，她又附上我的耳际说，你相信吗，我最喜欢跟一个人走了，从小就喜欢，哪怕那个人是个骗子，把我领到一条越走越黑的道上。我明白我也是，但我没有跟她说，因为我的怪毛病比她多去了，一时半会儿根本罗列不完。当下两个人互相搀扶着，走一会停一会，既找不到队伍，也辨不清方向，而天色果然就眼看着黑了下来。天愈黑，我们靠得愈紧密，脸贴在脸上，手握在手里，互相安慰鼓气中，恋爱的错觉突如其来。商量好就这样手足相抵一夜，肝胆相照一夜，走累了就找个背风处歇一歇，彼此温暖呵护到天明，到天明了，正好最早看日出。直到那个女生喃喃起悄悄话，说她在中学时期就憧憬跟一个人浪迹天涯，结果跟一个勇气不足的地理老师私奔未遂，又问我过去都有什么情感故事，我才恍然梦醒，恨不得即刻落荒而逃，我陷入的哪是什么荒山野岭，而是典型意义上的泥淖沼泽。我怀疑，我很可能是看见她落单，自己也才故意落单的。那时我还不知道上帝已在冥冥中安排好了每一桩缘分，不知道这个女孩最终将成为我的妻子，只是无比汗颜地放开她说，对不起，我在老家已找好了媳妇。那女生慢慢地圆睁了杏目，又慢慢地倒竖了柳眉，却一点也不慢地裹挟了风声，劈手甩过来一巴掌说，你这个混蛋，你刚才还吻了我呀。如此羔羊迷途，等待我的，也该是一份切肤的痛吧。

　　我是大年三十那个傍晚才回到家的。回到家才得知，在我进城读书的这一年半时光里，白梦娣的神色越来越呆，目光越来越直，一天到晚地躲在屋子里，怕光，更怕见人，常常一个人哭，一个人笑，一个人自言自语，她再不是那个冰雪聪明的可人儿了。为找回白梦娣的魂，两家的老人已没少给她寻偏方，请巫婆，不止一次灌她喝过这样那样的汤药，以及掺杂了香烛灰纸箔灰的水。庸医害人，只会往伤口上撒盐，把花朵摧毁。那时她形容憔悴，形销骨立，看见我就像根本没有看见我，目光涣散得就像没有目光。我没有任何资格抱怨任何人，只有抱着她默默地流泪。她反应不过来还好，一反应过来，就躲，就嚷，就往下出溜，比那年在农中时我一拉她的手她就抱头鼠窜的情形还要更强烈。等她好容易安静下来，我比比画画地说，我要带她到市里的医院看看病，要不会越来越严重的。她好像听懂了，但一叫她出门，她竟丢下我，自顾自把几件破衣服抻开来叠上，叠上再抻开，反反复复地说，你总得叫我收拾一下啊，你总得叫我收拾一下啊。我隐约觉得这话有点耳熟，一愣怔，就见她又两手抱住头说，你叫我想想，你叫我想想。

我双手掩耳蹲到了地上。

从来都没有旧好可以重修，就像那个广为流传的拔钉子的故事，钉子可以从木桩上拔下来，但木桩上已是伤痕累累，千疮百孔。老人们告诉我，收拾衣服和抱头，几乎是小六妮的两个习惯动作。别说外人，就是爹娘让她去干点事情，比如叫她去提桶水或磨袋面什么的，她稍微觉得不对劲了，也会很突兀地重复起这两个动作。之所以一直没告诉我，一是怕影响我功课，二是想把她看好了再说，谁知就看不好了呢？那一刻我悔到心碎，悔青了肠子，想把老车杀死，然后自杀，我们合伙把一个美丽的姑娘给毁了。我记得我和白梦娣热恋的时候，她偶尔也会出出神，发发呆，我只要拉住她的手，附上她的耳际，轻轻说一句跟我说爱我，无论她说还是不说，都会从远处收回来目光，连害羞带撒娇地偎到我怀里，就跟这句话是打开她心灵的密码或钥匙一样。我想重新唤起她的回忆和感知，把她揽到怀里，喃喃出声说，跟我说爱我。此一时彼一时，我不知这句话已不灵验了，她比正常人还正常地推开我说，我爱你什么？

　　我的大学生涯很庸常，少有往事可圈可点，不知是高中阶段把所有的力气使完了，还是高中那几年的事太多，把脑汁子给绞尽了。我比别的同学更不如的是，乡间还有一个未婚妻，并且患有精神病，我那股意气风发的劲儿，从大二下学期就分崩离析。来自亲密爱人的一句"我爱你什么"叫我自惭形秽，多少天后仍深感无地自容。我先前还有个学业完毕再报考研究生的想法，也只是想想，人一懈怠下来，再想振作就难了。

　　在聊城读书期间，我带白梦娣来看过几次病。医生说看得太晚了，延误了病情，一时也没啥好法，慢慢调理吧。有一次是我姐姐陪她来的，见她药一退去又说胡话，就问我以后怎么打算的，难道真要叫她拖累一辈子。我的心很疼，不是没想过变心，不是对别的同学没一点好感，但谁酿的苦酒谁喝，白梦娣这个包袱我不背谁背。我姐姐也好一阵叹气，又问我分配的事有着落了没，有没有希望留校或留城。我在大三下学期开始出任学院文学社刊的执行主编，并在全国一些不错的期刊上发表了一定数量的作品，在同学之间，算是小有成绩的，争取一下，也不是一点可能都没有。但想想白梦娣需要我照顾，老车他们也还有好几年的刑期，不如快点离开的好，眼不见心不烦哩。所以当同学们开始为就业或明或暗地活动时，我听天由命，很自然地被发落回原籍，成为单小双的同事。单小双看见我略略一惊，苦笑了一下说，你怎么又回来了呢？

　　我差不多算赶上了国家大中专毕业生分配政策的末班车，还能回墨水镇农中教书。但与此同时，也赶上了墨水镇农中解体。在石悄悄的领导下，农中境况一年不如一年，先是拖欠教师工资，三五个月下发不了一次，接下来故技重演，又玩起当初苟延残喘的招数，改头换面为墨水镇中心初中，还真是误人子弟上瘾了。石悄悄对墨水镇教育事业的最大贡献，就是在她手上结束了高级中学的历史，把大雪球滚成小雪球。只是这几年农中农中地叫惯了，大家一时改不了口，每说起它，都还说它是农中。学校里本来就人浮于事，这下更显出僧多粥少的局促相来，开始实行买断制轮岗制。石悄悄一向与单小双不睦，至此有了弃之不用的理由，因为学校取消了农技课，她便把她无限期地晾了起来。一个人小肚鸡肠如她，也同样记恨我，当初毕竟是因为我的转学直接离散了人心，走掉老车几个混混也罢了，连白梦娣一个好学生都没留住，此番落到她手上，难怪要看我不顺眼。我一个汉语言专业的学生，就算不放心我生手担主课，不让我教语文，也该安排给我历史政治地理一类的科目吧，她却非要我教两个初三班的化学，还不说用人所短，还非说要把我锻炼培养成一个多面手不可。我的化学基础很差，教学生得从头学起，如此现发现卖的，岂不也成了误人子弟！我有好几次要求调换，她就好几次跟我说，我也知道委屈你这高材生了，可我这儿庙小，没法给你提供用武之地哟。仿佛学校成了她家的一样。

有道是祸不单行。白梦娣那儿丝毫没见好转，我父亲又积劳成疾，就在我毕业那年的深秋十月，一场大病夺去了他刚过半百的生命。我说过，我父亲内心深处是指望过我学而优则仕的，如今只回来当了一个小教师，月薪不过百把块钱，且不能及时拿到，不光没叫他歇一口气，还不得不重新给我操心娶亲成家一类事。那时他已从村委会要来了一块宅基地，又自制模具，亲手烧好了一窑红砖，一窑红瓦，不能自力更生的水泥沙子石灰，以及门窗玻璃檩条，他攒点钱就去购买一地排车来，再攒点钱又去购买一地排车来，蚂蚁搬家似的，陆陆续续地备下了盖新房的大部分材料。他是要给我们盖一座明三间暗五间的大房子的，准备让我和白梦娣在那个春节完婚。当时村里富裕些的人家，时兴盖那种房子，我们家不富裕，但父亲不想叫别人小瞧了我们。新宅基地在村子南头，边上有一个两三个人深的大坑，就是那个大坑要了他的命。为了填平它，他计划赶在秋收以后和秋种之前的这个当口，从我们家责任田里一层一层地起土，再一地排车一地排车地运来。他运得起早贪黑，在一个天还没亮的黎明，他把一车土靠着助跑动作猛地掀到坑里的时候，没能收住脚，自己也猛地一下扑到了坑里。

数年如一日的超负荷运转毁掉了我的父亲，他一倒下就再也站不起来了。到了镇卫生院一检查，父亲身上所有的零件几乎都用坏了，胃肺心脾没有一样完好的，并查出了贲门癌，已到不可救治的晚期。父亲绝对不能算一个恶人，但任劳任怨一生，到头来还是患上了噎食这一报应恶人的顽症，吃不下饭，咽不下水，叫我深感报应一说太虚妄了，怎么说都说不通。父亲拒绝治疗，自责没置下一点儿家业，不能再往他身上白白花钱了。镇上也不敢动手术，县里虽然没说不敢，但强调了没那个必要。我不知自己为什么要一意孤行地违背父亲的意愿，在他毫无反抗能力的垂危时刻，又辗转到聊城，找同学，托老师，好歹是答应动手术了，结果也只是白挨了一刀，医生打开一看实在没法动，又按原样匆匆缝上了。我深深记得父亲身上的那条长长的刀痕，它从父亲的左胸口划至父亲的腰部，到死都没有愈合。此后许多年里，这条斜穿父亲身体的刀痕一直划在我心上，叫我在懊悔、自责、默哀中，独自承受子欲养而亲不在的缺憾和痛惜。一个凉意袭人的雨夜，他在气若游丝的弥留之际弥留了很长时间，几次把我叫到跟前，几次才把一句话断断续续地说完——

要孝顺你娘，他说，还要学会节俭，承受，担当和与人为善。

知子莫若父，父亲了然洞悉我的一切。我上面有姐姐，下面有弟弟妹妹，他却独独放心不下我，在我身上曾经发生和必将发生的一切，都囊括在他最后一句努力了半天才拼凑完整的临终遗言里面了。我应该好好想想父亲这句沉甸甸的话，即使受到不公正待遇，好人也得了恶疾，仍然矢志不渝，到死都强调与人为善。这是他辛苦操劳一生的思想智慧和行为准则，是他留给我在这个世界上的最宝贵的遗产，舔犊情深。但我让父亲不放心是他从内心深处就看准了的，结果就像他担心的一样，在后来的人生旅程中，我会离他这话的核心坐标越来越远，直到踏上一条不归路。彼时，父亲说完便撒手而去，任我和姊妹们哭哑了喉咙，再也唤不醒他了。

父亲一去，家里一棵大树倒掉了。我愧为长子，根本没能力撑起一个家。那时家里已债台高筑，房子没法接着盖不说，婚事也不得不搁下来。安葬了父亲，我一头扎到农中里，吃在那，睡也在那，白天备课教书批改学生作业，晚上躲在宿舍里，拼命地抽烟，也拼命地写小说写诗，妄图写来一点稿酬，还债，建房，给白梦娣看病。到寒假，我给自己买了一箱方便面，买了一斤农村集市上业已罕见的劣质烟叶，索性颠倒了黑白，把一个又一个长夜熬穿，一页纸一页纸地撕了写，写了撕，酷似一个邪教分子。这样的进取形同于回避，我想我一定是把白梦娣搁得太久了，搁了四五年，搁得花儿都黄了，人心都凉了。我万万没想到的是，就在那个春节，白梦娣父母自作主张，把她许配给了西土楼村一个腿有残疾的木匠。等我从沉湎的虚构世界里醒来，白梦娣已被那个一瘸一拐的家伙娶走了。

白梦娣结婚的消息是我农中的另一个绰号叫老妖的同学传来的。老妖家在镇上，他父亲是镇民政所的所长，在我们那帮不成器的同学中，算是出身较好的一位。那时他已参加工作了，在镇上的酱油醋厂干推销员。腊月二十八晚上，他跑到我烟雾腾腾的宿舍，一推开门就大呼小叫起来。天啊，他说，你这究竟是在搞创作，还是在研制烟幕弹？我敢说，你稿费不见得挣来，倒可能先把自己给熏死了哩。

接着就说了那个万劫不复的噩耗，白梦娣和木匠去他老爷子那里领结婚证去了。

我两眼一黑，险些栽倒在地。我努力不让自己栽倒，努力把虚弱的力气运到拳头上，当胸捣了他一下说，应该是白天的事，你狗日的怎么到现在才跟我放臭屁？

不是今天白天，他一脸冤枉地说，而是前天的事。我当时就来了，可是你不在，或者你睡着了，根本喊不醒你。我以为你知道，以为是你不要她了哩。

我骑一辆前后轮胎都瘪了的破车子，跌跌撞撞地赶回家。没等我问，母亲就先抹起泪来了。我的姐姐已经出嫁，但家庭的重担还是她替我扛着，娘家婆家来回跑着。人家跟我们说了好几次，她说，一再说这是为你好，也是为小六妮好。咱还能说啥哩？

又说，咱爹还没过七期，你别做什么冒失的事。这个家，再经不起一点风雨了。

我不排除白梦娣父母有为我考虑的意思，但一桩亲事张扬了这么多年，到头来说毁就毁了，咋着也该跟我说一声啊。我母亲歔欷出声说，跟你说什么呀。也不是人家爹娘硬当的家，亲事是在那孩子清醒的时候订下来的，我和你姐都在场，她自己要跟木匠过，不同意你哩。

又擦了把泪说，你一定是伤着人家闺女了，害得我和你姐都说不起话。事都到这了，就记着人家那句话吧，这是为你好，也是为人家小六妮好，啥都不要再说了啊。

　　既是啥都不用再说了，我是否有过如释重负的轻松感呢？前两天，我去市里参加一个笔会，还给白梦娣捎带了件裙子，准备这个年要把她接到家里过，一同守岁。而且，我还要跟她商量一个事，因为刚从笔会上听说，北师大近期开设作家班，每个省份有三到五个名额，地区作协就推荐了我一个人，我自己也想争取去。我觉得我不能只是一个人闷着头瞎写、闭着门造车，得去大的环境里检验一下自己了。这意味着我们又要分开一段时间，怎么也得征求一下她的意见。如果成行，到那儿熟悉了，再看看能不能接她赴京治病，毕竟北京名医多，条件也好些。这些话都还没来得及说出口，她怎么不吭不响就嫁了呢？

　　我闷头睡了一星期。到初五，我跟母亲姐姐说我想通了，得赶到校里把一个小说写完，开了学就没时间了。其实我根本在学校里坐不下去，也没好好想想，就绕道那个村庄去看白梦娣。西土楼村在镇子的东北部，与我们村隔镇相望，差不多有20里路。据说木匠的手艺还不错，但就是有点缺心眼，凡活人用的家具一概不做，只给死人打棺材，倒也算术业有专攻了。他们院里放着一口上了黑漆的棺材，很阔大，阳光一照，闪着凝重肃穆的光，估计是样品，看上去经久耐用，像一座小房子。它上面的木板虚掩着，想是为了风干，旁边另有一口还没上漆的棺材，尺寸小多了，可能订户家里穷，或者不是为了盛放尸首，而只是放火化成灰的骨灰盒儿。再旁边，是一块块的木板，堆积得很高的刨花和锯末，以及散落一地的斧子锤子尺子一类工具。这些东西都跟死有关，白梦娣却非要嫁给一个只跟死人打交道的又老又有残疾的木匠，究竟有多疯多傻呀!

　　在成品和半成品的两口棺材间,我远远看见白梦娣正在跟木匠合伙锯一根木头,大过年的,不知谁家又死了人,要他们这样赶活儿。白梦娣真的像是一个小媳妇了,头发已在脑后挽成了团,不再像跟我在一起时那样习惯于束成马尾或纷披着,倒多了些利落,多了些居家少妇的韵味。我心头沉沉的,脚步也沉沉的,在柴门前停下来,想自己是否还有必要打扰人家两口子夫唱妇随。而她好像听到了什么,或者只是因为没经验,又因为神志依然不清吧,稍一愣怔,力道使偏了,绷紧的锯条当啷一声断成两截。木匠骂骂咧咧的,一耸锯把,猛一下把白梦娣推倒到地上。白梦娣叫了一声,多半截身子埋进刨花里,像一只受伤的小猫。我原本要悄悄放下裙子走人的,这一来哪还受得了,脏话脱口而出,三步两步跃过门口的栅栏,动手打了木匠,平生第一次欺负了一个弱势的人。如果不是白梦娣又哭又叫地扑上来,从背后砸了我一板子,我可能就把他另一条腿也废了。

　　木匠比白梦娣大了十多岁,早过了婚娶年龄,白梦娣不精神失常,他怕是一辈子都找不上媳妇。我知道这是他的软肋,厉声警告他再敢欺负她一回,我就把她领走,让他再接着打他的光棍儿。木匠并不认识我,但应该知道我,龇牙咧嘴地说他其实待她还很知冷知热的,根本不舍得叫她干重活苦活。这回是她见人家催活儿呢,非要帮把手,结果倒添乱,要不也不会跟她发脾气。

　　你放心,他加重语气说,以后不会再有这事儿。她跟我过日子呢,我还不比你心疼?

　　木匠瞎说,他怎么会知道我的心不比他更疼?我一阵怅然,把裙子递给白梦娣,想告诉她跟着木匠觉得好就过,不好,就还跟我走,终是羞于说出口，说出来，她信不过我的表白不说，也没什么实质意义，毕竟人家俩才是奉媒妁之言父母之命组合的合法婚姻，所以话到唇边就走样了，只说你结婚那天我不知道，赶来补送个礼物，一点儿心意，祝你们幸福。

白梦娣有点不置可否，望了眼木匠，因为是结婚贺礼，木匠倒大度，还跟我说了声谢谢，示意白梦娣收下。白梦娣点点头接过去裙子，抹把泪，拍打了下头上身上的锯末刨花，将裙子从包装盒里拿出来，提溜到左胸部那儿比画了一下，又提溜到右胸部那儿比画了一下，脸上现出一抹羞涩的笑意。她的胸部，啊，她的珠圆玉润尽善尽美的胸部，让我一度迷醉地或摸着或叼着入睡的胸部，慰藉我寂寞，增长我见识，叫我一下子推倒老车天下女人乳房都不一般大的谬论，同时又叫我视怀里的尤物为珍宝，不再去关心单小双的乳房是不是真的不一般大的胸部，而今真的被另一双手所拥有了么？那一刻我恍兮惚兮，感到她峭拔挺括的胸部跳动着那么多召唤，险些就伸出了手去。那一刻我觉得她正常了，忙问她是不是又记起了我，肯不肯跟我走。这时，更惊人的一幕出现了，她笑容凝在脸上，目光分外涣散，但却没再把现成的裙子抻开来叠上，叠上再抻开，反反复复地说，你总得叫我收拾一下啊，你总得叫我收拾一下啊。然后是作行将就木状，一边倒退一边说，看见了没，我已经死了，看见了没，我已经死了。

我没一点心理准备，倒是木匠知道她要干什么，从地上跳起来，一瘸一拐地跑上去阻止，终是因为瘸，腿脚不利索，还没跑到她跟前，白梦娣已一仰身子，悄没声儿地倒到了那口顶板虚掩着的棺材里，并顺手拉上了棺材板，竟严丝合缝。然后里面就没一点动静了，仿佛真死了一样。因为适才闹得动静大，又因为过年无事，有邻居赶过来，纷纷问木匠怎么了，你的小俊媳妇又咋了？我也急于打开棺材看，却叫木匠一扬手推开了，我这才发现他手劲特别大，只一挥就把我拨拉了个趔趄。可见他刚才没跟我真打，真打的话，我一个不擅长打架的人，未必就能占上风。也没事，他蹲到棺材缝前，侧耳听了一会儿走过来，也不看我，只对好奇的村人说，我在里面放着锯末刨花呢，但还是怕她摔着。

她这个毛病，不，习惯，我已吓出一身汗，词不达意地口吃着说，又是啥时染上的？

我一说话，有人留意上我了，呦嗬着说，哪来这么一个酸不溜丢的家伙，大白天也敢私闯民宅啊。

几个半大孩子挑衅地围住我，其中一个乜斜着眼，往我脸上喷着烟雾说，你是哪的野小子，是不是找挨揍来了？

找揍就给人家揍，一个稍远些的声音说，咱西土楼村又不是没拳头。他的声音之所以远，是因为他去把他们推开的栅栏又关上了，接着就拍打着手走过来，声音陡地高亢起来说，对于那种乱窜乱跑的疯狗，就得关起门来打。

往我脸上吐烟的家伙转向木匠说，瘸哥你发句话吧，不就是再多打一口棺材么。

我骤然意识到危险，一下子成了众矢之的。我听到摩拳擦掌的声音，撸胳臂挽袖子的声音，烟屁股噗地吐到地上的声音，想木匠这时也许连一句话都不用发，只要他歪一歪嘴巴，或随便做个手势，我就可能被暴打一顿，吃不了兜着走；或者走不脱，干脆给抬到另一口棺材里去。但木匠没有乘人之危，也不作解释，只挥手赶苍蝇一样地赶着我说，你快点走吧，要不我媳妇活不过来了。

我走了，我一边退着一边更加口吃地说，她就能，她就能真的好起来吗?

是的,木匠不耐烦地说,但你再来,我媳妇就还会死,你懂了没有?

一眨眼,我的媳妇成了人家的媳妇,而且还一见我就死,这是哪门子逻辑,我怎么可能弄得懂。三个月以后,我在北师大阅览室读到奥地利作家茨威格的《一个陌生女人的来信》,看见她在信上说,即使有一天我死了,躺到了棺材里,只要你呼唤我,我也会从棺材里爬起来,跟着你走。小说上的那个场景是虚设的,而我是活生生地遇到的,想白梦娣曾是那样一个蕙心兰质的女儿,她屏息敛气地躲到棺材里去,是不是就为了看我还有没有勇气喊她一声呢?是不是爱她到傻到疯再到死呢?真是找不到出处则已,一找到,我再一次悔到心碎,悔青了肠子,直恨自己叫一个又缺心眼又瘸腿的半吊子木匠打了马虎眼,吓破了胆,怎么就不趴到棺材上喊喊她,拉她起来上路呢!但在那时,我似乎已没了退路,我很快被瘸子一推一趔趄地驱赶到柴门那儿,再退就得倒在木条扎成的栅栏上了,忙不懂装懂地点点头,胡乱说了句那你照顾好她啊,一撇身落荒而逃。

墨水镇从此成为我的伤心之地。它是我生于斯长于斯的家乡,但也更是辱没我人格尊严叫我斯文扫地的地方。我深深感到了我在农中的无望和多余,连跟家人商量一下也没有,便丢下教职,在当了一个学期的教师后又去北师大作家班当了一名学生,与其说是知恩图报,意欲拿自己的离开给单小双腾一个空缺,不如说我在这个地方的心理承受能力已抵达极限,再不逃离,我非得窒息崩溃了不可。所以新学期还没开始,我就去找了石悄悄,径直跟她摊了牌儿说,这两个班的化学课我担不了了，我得请一个学期的假，找个地方去进修一下。

那不行。石悄悄说。

要不算停薪留职吧，我退了一步说，也就半年一年的时间。

那不行。石悄悄又说。

我买断总行了吧，我说，我不想干了。

那时候，关于买断和轮岗，石悄悄已软硬兼施地做过不少老教师的动员工作，比如单小双，不过还真没打过我的主意。这次她没说行不行，只是有点意外地说，你想好，出去容易进来难，我可没有逼你。

我从上学时就对石悄悄没什么好感，到现在尤其如此，就摇摇头没跟她多话，只催她快点办手续。石悄悄还要啰嗦，说什么我一个才分来不到一年的大学生，无论买断制轮岗制，按说我都不在这个范围哩。我无意听她饶舌，也看不惯她的假惺惺，耐着性子说，算我逼你行了吧。

就像我对石悄悄没好感一样，石悄悄对我也没有，她大约巴不得我早点滚蛋的好。一个愿打，一个愿挨，所以尽管我不在买断或轮岗的范围，她还是想方设法地变通了一下，让我拿到了一万多的遣散费。转天她通知我去她办公室签字走人，还给我卖乖说，你这个事可没少叫我作难，腿都给你跑细了。不过正好，也减了肥哩。

石悄悄真是比早些年富态多了，隔着辽阔的写字台，我看不见她的腿细没细，但能看见她一脸横肉，胸脯上也是，偌大的一把藤条椅，叫她脑大腰圆的身坯撑得吱哇吱哇响，还珠光宝气的，滚圆的脖子上有项链，肥厚的手上有戒指。难怪人家都说，不管多穷多烂的单位，也穷不到烂不到一把手身上，毕竟师生皆可渔利。也可能是因为我要走了，她难得地表扬了我一下说，到底是年轻人爽快，敢闯敢干有魄力，留都留不住。不像某些人赖皮，屎拉完了还占茅坑，赶都赶不走。

这个白痴一样的家伙险些说了句对仗工整的话，叫我吃惊不小，想来当校长这些年，大会上讲话小会上指示的，没少锻炼了口才。但她话里连讽带刺含沙射影的，又叫我好恶心，忍不住也想恶心她一下，故意卖了个关子说，你知道我是怎么看这种事的吗？

　　她饶有兴趣地顺着我说，你是怎么看的？

　　据我看来，我说，屎拉完了还占茅坑的做法，好歹要强过那些一肚子屎怎么拉也拉不完的行为。

　　石悄悄果然很恶心，皱起眉头说，你这孩子怎么这么说话？

　　我怎么说话了？我反正是要走了，怕她怎的，索性又挖了她一苦说，有其师必有其徒，你难道没有听出来，我到现在不还是在跟你学说话吗？

　　石悄悄勃然变色，一拍桌子站起来说，你什么意思？

　　也没什么意思，我说，就是想给你说，要是没有某些人，这座学校早炸飞了，你吃饭都不见得能找到地方，哪还能轮到你今天在这里烧包着减肥？你得好自为之点哩。

　　石悄悄气得又拍桌子又摔椅子的，但我已拿上钱走了。

　　我今生见到的第一笔巨款，就是农中的遣散费。不说我自己寒窗苦读十余年，父母多少心血汗水也就此一笔勾销了，掂在手里，还真有那么点儿沉甸甸的。我搁下一万留家里，自己带了一部分上路。临行前，我去父亲的坟前告别，但愿他老人家不要怪我不守孝道，我没法再承受下去了。在黄土纷扬的风里，我内心塞满了难以名状的悲伤，直觉得往事不堪回首，一切都不胜苍凉。这里不仅是辱没我人格尊严的地方，更是葬送我美好爱情的地方。我在这里爱过的姑娘，或者说跟我生命有关的几个女子，一个死了身体，一个死了心，就一个单小双尚健全着，但同样好不到哪去。是的，我就要说到她了。

　　都说红颜薄命，这话恰好应验在了单小双身上。她也许过了一段相对舒心的日子，白天有班上，晚上回家有人陪，对于一个女人，也算岁月静好，夫复何求了。至婚后第二年，她产下一对龙凤胎，竟一下子就儿女双全起来，而她的丈夫宋学年业已开始主持税务所的工作，由副股级待明确为正股级干部。多好的命，多大的喜，宋学年自然要摆几桌酒宴，好好庆贺一番。不知是酒精过量，还是高兴过了头，一夜宿醉过后，再也没从床上爬起来，医生说是脑中风了。宋学年的工作本身是征税，虽然名正言顺，不算鱼肉百姓，但常年公款吃喝，还是不可避免地富态起来，三十岁不到的人，体重已逾一百公斤。他好时拖着那么大块头都吃力，这一病，根本不能自理，吃喝拉撒睡，俱要单小双伺候。刚开始那阵儿他还能说几句囫囵话，渐渐就只会哇啦哇啦地乱叫了。要命的是，他的意识还清醒着，这真是比不清醒更要命。

　　在这期间，单小双也曾带着他北上京城南下上海地寻求过名医，但钱再多也经不住患上了不治之症，除了陡增花费，还是一点起色也没有。单小双婚后就从农中搬了出去，和宋学年住在镇上几个机关宿舍合在一起的大杂院里，两间北房，一间配房，外带一个小院。虽比上不足，但也比下有余，如无重大变故，她也许将在那儿度过一个女人平静而安稳的一生。那个大杂院距离农中不过一两里路，却隔着山隔着水似的，难得见她一面。偶尔碰上了，她也只是对我点个头，笑一下，就算打过了招呼，仿佛一个人一为人妻为人母，连跟一个昔日的学生也不方便说话了。

　　单小双有一阵子不到农中来了，又值假期，我想自己在走前，怎么也该跟她说一声。就在街头买了兜果品，转天上午去跟她道别，也算顺便看看她瘫痪在床的丈夫。不料宋学年非但不领情，还把床帮拍得乒乓响，示意单小双把我带去的东西扔出去，骨气得不成个体统。这家伙过去收税收得脾气大了，他以为他还跟从前一样呢，动不动就可以踢人家的摊子。他明显有些过分了，跟人家多少有点傻气的木匠比，根本不在一个层次上，单小双却还要照顾他情绪，勉为其难地对我说，谢谢你来看我们。你宋哥是嫌你客气，花钱买什么东西。家里什么都有，什么都不用留哩。一边说，一边就把那兜东西塞我手里，还真拿他的狗屁手势当圣旨了。

我又难过又悲愤，差一点没摔门而去，没有单小双，请我都不来他这个充满药味腐败味的家中。我还没发作，一个尾随在我身后的小女孩儿叫了我声叔叔，应该是他们龙凤胎中的凤，扎着两根羊角辫，一笑两个小酒窝。小丫头时不过四岁，却非常礼貌地送我出门，她眼睛躲闪着我手里的那兜东西，嘴上也像个小大人一样地劝慰我说，叔叔你别见怪，我爸爸有时候会这样，他说糖吃多了会坏牙，饮料喝多了会拉肚子。

有时候会这样就意味着有时候不这样，我没凑巧赶上罢了，再怎么着，也还是不能跟一个瘫子较劲儿，数年如一日的卧床，好人也会卧神经的，何况他早就瘫了。我很感激这个小女孩儿给我圆了个面子，她说的理由我能接受。也是从小女孩愈躲闪愈眼巴巴的眼神里，我看出单小双说谎了，哪是家里什么都有，什么都不用留哟，我觉得心里像打翻了无味瓶一样，很憋屈，也很难受。我在院里拉了拉这个小女孩的小手，跟她一起蹲下来，把那兜东西摊到她跟前，小声地说，你看见了没，糖不多，饮料也不多，吃不坏牙，也喝不坏肚子的。对了，你叫什么名字？

双双，小女孩很乖地凑过来，也悄悄地小下来声音说，我哥哥叫全全。不过也够多的了，我哥哥一定会高兴。他最喜欢喝饮料，我嘛，最喜欢吃糖。

这是小名吧，我说，那大名呢？

我哥哥叫宋双全，她说，我叫宋全双。有时候会反过来，我最喜欢喝饮料，他最喜欢吃糖。

你哥哥去哪了，我说，我怎么没看见他。

他去我奶奶家了。她说，还有的时候说不清，我们俩又喜欢喝饮料又喜欢吃糖。

是谁给你俩起的名字，我说，妈妈还是爸爸？其实我小时候也这样，又喜欢喝饮料又喜欢吃糖。

是爸爸。她说，不过，她又努力地做回忆状说，据说我们小时候不这样，谁也不喜欢喝饮料，不喜欢吃糖。

他们小时候，啊，他们三四岁以前的小时候，家境也许还没怎么败落，还没坐吃山空到要一个小孩儿口口声声不离糖和饮料的地步。好在我还买了些水果来，一转念就扒拉到一边，给她剥了个猕猴桃说，你爸爸说的对，饮料要少喝，糖也要少吃，只有不挑食不偏食了，才能越长越漂亮，你说是不是？

是。她若有所思地说，酸甜酸甜的，真好吃，谢谢叔叔。如果，她又说，如果我奶奶问我这些天来过什么人，我咋着跟她说？你是我爸爸的朋友，还是我妈妈的？

我是，我迷惘了一下说，妈妈不会跟奶奶说吗？哦，我忘了跟你说，我是你妈妈以前的一个学生。

那得是好久好久以前了，她说，我妈妈早就不教书了。

这时单小双推门出来了，手里端着一个冒着浊气的便盆。她朝我凄楚地笑了笑，低头快速地走到院子一角的厕所里。她在里面待了好一会

跟我说爱我

114

儿，想来不光要刷便盆，怕还要好好整理一下情绪。我耐心等她出来，告诉她我要离开这里了。

我感觉到了，她点点头说，走了也好。

你多保重。

你也是。

我觉得我有好多话想给你说。

你看我忙得。

到了外面，我说，我能给你写信吗?

对于一个忙了病人忙孩子的女人，怕是早没时间看信写信了，我这话问得有点傻，果然看见她轻轻地摇了摇头说，也不用写信，我还是希望你走得越远越好。

话音未落，里面房间的那个人又拍着床帮发脾气，或者说发号施令。单小双一只脚门里，一只脚门外，嘴上跟他应着来了，来了，侧过脸来跟我歉意地说，你看他该吃药了，我也不多留你了。同时扭了扭头，招呼她女儿回屋。就在小女孩离开前，我摸了摸她扎着羊角辫的小脑袋，扯了扯她的小手说，那我走了，记得我会想你啊。

她扬着小手说，我也会想你的，叔叔。

双双再见。

叔叔再见。

然后我就走了。我在走过她家那排宿舍的拐角处回了一下头，看见单小双和她女儿走出大门口，迎着风跟我挥手。她的头发有些乱，唇角有些抖。这是我上个世纪在老家墨水镇最后一次看见她，再见她要到多少年以后，那时，她已被老车包养到人生地不熟的城市里去了。

第八章　蹿富

单小双明显醉了，酒已过量，手脚已不听使唤，刚刚起开的一瓶酒，还没倒到杯子里，就全被她洒到外面了。再这样下去，不定把这儿弄成什么样子呢，就把她生拉硬拽出来说，得走了，再不走人家就要关门了。

出了门又面临一个怎么走的问题，她连方向盘都握不住了。我虽然能握得住方向盘，但苦于不会开车，只能眼睁睁地望着宝马兴叹，叙旧终于叙出了一个不堪收拾的局面。我暗恨自己无用，如果是方向明确的老车，这能算什么问题哟！

老车是在第六个年头走出监狱的。因为屡有立功表现，成功救活过企图自杀的罪犯，不止一次制止过打群架行为，及时揭发检举过吸毒、酗酒、聚赌、妄图越狱的团伙，老车的刑期几乎减了一半。所以他入狱虽比二壶、老一晚，刑期也比二壶、老一长，但出来的时间，一点也不比他们俩迟。据二壶、老一说，上述事件，即便不是老车一手策划的，也是他跟那些傻瓜犯人一起密谋的，只不过他在最后关头贼喊捉贼，拿别人的加刑乃至性命换来他的减刑罢了。二壶、老一虽和老车在一个大院里服刑，但一年半载也不一定能见上一面，这些事情，他们俩的转述一半来自于猜测，一半来自于道听途说，并不能确切提供具体的细节。其实细节已不重要，重要的是，老车由此坚定了这样一个基本的人生信条——狗走到天边吃屎，狼走到天边吃肉。

　　老车回到墨水村时，已不止是一只狼，简直就是一只虎了。这时他手下已聚集了不少周围村镇的假释和刑满释放人员，浩浩荡荡如一个连队。老车给他的难兄难弟们上课说，要把这几年损失的钱挣回来，大干一番事业。一晃六年过去了，墨水村一带的地下石油早被开采出来，随着一个个井架的撤离，一个个抽油机开始昼夜不停地运转起来，日产上百吨石油。如果引到地面上来，就是一条滔滔奔腾的石油河。当然，这样的河是不会开挖到地表上来的，石油又不是水，故在地下埋设了密密麻麻的管道。这些粗细不一的管道有输油用的，也有输气用的，它们经过加温稀释处理后，从墨水村地下输送至北京、上海、天津等地，作为发源地的墨水村却只能坐守一点表面上的占地赔款，眼睁睁看着财富滚滚流失。这不公平，老车说，我们才是这些财富的真正主人，不能让他们不吭不响地全弄走。

　　老车回来干的第一件事，是从村里要回他的一亩三分地。他所在的那个村民小组出于方便耕种考虑，要把他的地补到他家责任田旁边，但是老车不答应，指定要另一块谁都看不出有什么优势的土地。那块地在村子西边，不仅沙化严重，凸凹不平，还有好几个年代不详的坟头，更因为油田上的人在此埋设过管道，温度高于别处，庄稼不好长，而抽水浇地的时候又容易漏水，平添许多劳动量，原主人乐得摆脱它，不知那其实是一块风水宝地。老车一接手过来就在周遭砌了道围墙，说是种庄稼太划不来了，他要盖鸡棚养鸡。老车既没养肉鸡也没养蛋鸡，他连鸡苗都没进，而是从周围村庄的养鸡场收罗来一大批死鸡。等人们发现死鸡也会身价倍增，甚至比活鸡还要值钱时，老车做的已不仅仅是鸡生意了。

　　因为要避开村庄，有数条来自不同方向的输油管道在老车的鸡场下面集体拐了个弯儿。很显然，这些管道都比老车新建的鸡场年龄要大，因而常常因为老化而突然漏出一地的石油。第一次石油泄漏是在一个夏夜，像喷泉一样喷薄出来的石油，弄得他偌大的一个鸡场无处下脚。那夜老车不在家，很多人都可以证明他外出考察新品种鸡去了，当晚没能赶回来。等他第二天回来，发现鸡场门前围着许多人和车辆，有油田上的，也有地方上的，正准备撬开他的门，进去抢修管道。老车打开院门一看，就看见满地涌动的石油，而那些原本就死了的鸡通通又死了一次。老车一弯腰，从石油深处捞出一只黑糊糊的鸡，再一弯腰，又捞出一只。老车就气不打一处来了，随手把那两只死鸡扔到一个采油工脸上，骂他看护不好管道是严重失职，害得他倾家荡产，血本无归。采油工刚嘟哝了句漏油的原因尚未查明，老车就扑了上去，一拳将采油工打倒在地。一地滑溜溜的油，采油工挣扎了几次都没爬起来，老车一只手抠住他的下巴，另一只手抓起一把石油，作势要往他嘴里灌。

　　六年的监狱生活下来，老车早已出落成一个孔武有力的汉子，只一眨眼的工夫，采油工就被他抠花了脸，很快上气不接下气了，其他油田上的人也一再保证会按市场最高价包赔损失，许诺他死多少只鸡就包赔他多少只鸡了，但仍然拉不开他。围观的村人也看不下去了，一边差遣小孩去把老车的爹喊来，一边劝解他说，打几下消消气行了，人家不都说了会赔你吗？

　　油田上的人原本是要抢修好管道，尽快恢复生产的，这下不得不求助外援力量了。他们当中有带着砖头一样的大哥大的，怕报警来不及，先慌手慌脚地给村长化肥打了求救电话。就像明星大腕都有价码不菲的出场费一样，化肥每每调停油田与地方的冲突，皆能从中捞到便宜。所以他很乐意参与这样的活动，请他他来，不请他，他听说了，也会适时地出现。和那些小偷小摸比起来，他才是油田进驻我们墨水村后的最大既得利益者。事实证明，化肥的权威在墨水村受到挑战正是从老车这儿开始的，他气急败坏地连喊了数声"住手"，老车都跟没听见一样，又抓起一把石油抛到采油工身上，扬起扬落的过程中，手上的血和油溅了化肥一脸。当着村人和油田人的面，化肥真是威风扫地了，一边狼狈地后退一边发狠说，你狗日的还非要弄出条人命来啊。

　　老子弄出的人命也不是一条两条了，老车头也不回地说，还怕出人命？

　　这话够狠了，化肥和围观的人无不错愕地愣住，多年以前的那起死了一女一男两条命的案子，又开始像阴影般重现。好在老车的爹也气喘吁吁地赶来了，他拦腰打了老车一棍子，又声色俱厉地呵斥了一句说，你小狗日的真是吃了熊心豹子胆了，也不看看跟你说话的是谁，他是你化肥叔哩。

　　也许，老车的爹不是在做样子，但即便排除父子合演一场双簧戏的嫌疑，老车的反应仍然充满了行为艺术的况味。是化肥叔啊，他立即就从采油工身上跳起来，一边又摇又晃地握起化肥的手，一边哎呀哎呀地叫着说，是化肥叔亲自来了啊。

　　老车的手上满是血污油渍，化肥却挣脱不得，索性顺坡下驴说，看你小子刚才凶的，还以为你谁的话都不听了哩。

那怎么会，老车叫苦不迭地说，我是没看见大叔你亲自来了哩。大叔真是对不住，我又给你添乱了。你打我骂我吧，你咋处罚我都行，再把我送到监狱里去也行，只是一下子死了这么多鸡，我这不是急吗。

老车为自己的行为找到了最充足的理由，成千只鸡死于非命，换谁谁能不急？但化肥显然不能跟老车一样叫苦，转身跟油田上的人说，刚才这小子是急红眼了，回头我好好教训他，该救人的救人，该抢修的抢修，剩下的事，再商量吧。

商量的结果是老车首战告捷，斩获颇丰。因为不管责任在谁，油田作为家大业大的国企，向来不会亏待百姓。比如你一只羊好奇井场上的电缆头，拿那绿的黄的电缆包皮当奇花异草一样啃，大约会啃死，至少会啃得满嘴流血，到处找不到牙齿。这个责任应该在你监护不力吧，但你若要去找油田上的人讨公道，油田上的人就会对你这个受害者家属深表道义上的同情，再参考市场最高价包赔你一只羊的损失，你不仅卖了一个好价钱，还能开荤吃一顿羊肉。但这些仍属于小把戏，跟老车的大手笔没法比。不用说，他们不光要按老车提供的进鸡单据赔偿，还得按石油的污染面积包赔污染费，再加上误工费、鸡棚毁损费什么的，这一单生意做下来，老车一下子就腰缠万贯了。

比天更大的便宜还在后面。按惯例，理清了赔偿事宜，油田上的人是要把那片石油大致估摸个数量，就地低价转让给跟他们有关系的人的，比如转让给化肥。在相当长的一段时间里，油田上的人只有从地下转移石油的能耐，对于冒到地面上的油，不知是嫌少呢，还是嫌回收起来麻烦，都是潦草随意地处理一下，也就几条烟几瓶酒的事，或吃喝一顿拉倒。但是这一次，化肥没再插手，他说自己要赶到县城去开个会，建议作为附加赔偿，直接给老车算了。化肥都嫌棘手，别的人更不敢插手，工作人员纵使一千个不情愿，也只能象征性地开个条子，让老车自行处理。这样老车就有了合法出售石油的手续，一连多日，他的鸡棚里车进车出，几乎每天都有成千上万的进项，日产几吨油，怎么处理也处理不完了。

也就三两年的时间，老车完成了他的原始积累过程，开始从地下跳到地面上，兴办工厂，组建公司，从小雪球到大雪球，迅速滚出来一个老车化工集团公司。对于天高皇帝远的墨水镇来说，老车的化工集团填补了乡镇企业的空白，一跃成为支撑当地财政大半个江山的纳税大户。这个时候，不仅墨水村的人皆惧他三分，连书记镇长也以他为荣，要仰他鼻息说话了。

这个时候我辗转来到了濮阳。在来濮阳以前，我已历经漂泊，更换过十几种体面或不体面的工作。我没想到我脑子一热辞掉了农中的工作，会意味着我得寻找更多的工作，先后给餐馆端过盘子，给企业看过大门，给出版社当过校对，给书商当过炮制长篇畅销书的枪手。到头来，不是人家炒了我，就是我由着性子炒了人家，我骨子里朝秦暮楚的秉性，为糊口一时还分身无术，就都一股脑儿地发作到了这上头，好比愈是离了婚的人，需要伺候的杂七杂八的异性就愈多。当然，我只是打比方，并没有真离婚，倒是在这期间娶妻生子，也算为人夫为人父的人了。那年我从北师大回来，再去聊城找那个雪地迷途的女生，那时她还没毕业，刚去市区一所中学里实习。谢天谢地，眼看大四的日子所剩不多了，她都没遇到一个有勇气携她私奔的人，被我吻过的地方，依然虚唇以待着。看见我她先是笑了，接着就撅起嘴巴说，你这个混蛋，还知道回来呀。

我们重逢了。

我们重逢不久就私奔了。

并不是我们非要私奔，而是我岳母压根看不上我，其貌不扬，出身寒微，衣食无着，所有这一切都叫她大动肝火。我们在市郊租了间房子，准备好歹等到她毕业，再做更进一步的打算。还没盘算出点眉目呢，风闻消息的岳母就领着一干人把我们的小窝给捣毁了。老人家是个操了一辈子手术刀的妇产科大夫，经常划开别人的肚子取孩子，下手特别狠，只一巴掌就把我打了个趔趄，把我眼镜都打碎了。她疑心我是个江湖大骗子，教训我一顿不算完，扬言还要把我送到公安局去问罪。我深恐夜长梦多，也深感此非久留之地，转天找了个人把妻子约出来，来不及收拾一下，就带上她仗剑走天涯去了。

后来，我在人生地不熟的濮阳遇到了一位许姓官员，我至今视他为我生命中的贵人之一。那时我远在南京做着一份临时性的工作，因要参加小妹妹的婚礼，便请了几天假，带着老婆孩子匆匆往家赶。那应该是2002年的初夏，我们的儿子都快5岁了。我们从南京出发，一路迢迢千里，没出什么意外，倒是在濮阳至台前的路上，车子抛了锚。这条路并不直接通往我们家，但我们可以在途经河南山东的交界处下车，从那里往北徒步走三五里路，就是墨水村了。现在车才刚出濮阳不久，前面少说还得有八九十里地，徒步还太早。时近中午，我们在路边等了好一阵子也没见车修好，而小家伙还操心着他小姑姑的出阁，说再不快点走，就赶不上给他的小姑姑押喜车了。

正着急着，远有一辆黑色本田车开过来，不知儿子是要有意识地表示他的友好呢，还是无意识地调皮，反正他就那么对着它调皮而友好地招了招手，奇迹出现了，小车在滑过我们几米远的地方停下来，跟着摇下车窗，一个官员模样的人探出头说，小朋友去哪呢，要不要我送送你？

就这样，我们从破车上拿下来行李，一家人上了这辆车。上车一说，也正好是去台前的，官员的老家在台前，他回去办点事。毕竟素不相识，客气的话一说完，司机就开始专注地开车，官员也随手拿起一本杂志看。直到他问我现在哪里高就，我的情绪才灰下来，照直说在南京打工哩。他说打工啊，那拖家带口的可不容易。一句不容易弄得我好一阵默然，谁能真正体会一个流浪家庭的艰辛。吉普赛人好歹还有一辆大篷车呢，我们却只能徒步在风风雨雨的路上，居无定处，朝不保夕。伤感间听见他又说正要到濮阳的报社就任社长，我要是有兴趣的话，可以到他那里去试试。待遇虽不比南京好，但消费水平也低，况且又离老家近，建议我不妨考虑考虑。接着问我妻子以前都做过什么，要是能干得了苦活累活，可以先就近安排到报社属下的印刷厂里。这样就可以从长计议，把家安到濮阳来了。

我没想到儿子不光拦下一辆车，还拦下一片听上去不错的前程，思忖着是该表个态，道个谢，还没想好怎么说句可进可退的话呢，一直在一旁支愣着耳朵听的妻子已经率先表态说好了。那太谢谢许社长了。她说，等把家里的事忙完，俺们一家就投奔你去。

家尽管还是虚拟的，但对我妻子的吸引力够大了，这些年她跟我北上南下东游西荡的，已经累了怕了。一晃经年，妻子再不是那个成天幻想着跟人私奔的大学生了。她把一切责任都一股脑地推到我身上不说，还说她是上了贼船，害得她众叛亲离，苦海无边。婚姻中的女人跟恋爱中的女人虽然还是那一个女人，但实在不能同日而语，她是什么时候由一个无知少女变成了一个刁钻徐娘的，我简直一无所知。我能去南京，也是靠一个兄长的引荐。兄长姓胡，在南京军区工作，我在北京出差时认识了他，不过是萍水相逢，从此却一见如故，给我许多帮助。我不是英雄，他却识我于草莽之中，所以我视他也是我生命中的一个贵人。如今干得好好的，不过是请了个假，突然不去了，怎么跟人家交代？

南京方面，我妻子说，我去跟他们说。

妻子就像我肚子里的蛔虫一样了然我的心迹，但她怎么没头没脑地用了"南京方面"这么个有点战争色彩的词，我一点儿也不清楚。讶异间听见她又说，你在南京再怎么干也是个临时工。许社长这里多直接啊，跟着他干，还能亏了？你别管了，回家我打个电话跟他说去。

有些话，真是不能当着女人的面说。女人骨子里活跃着指点江山的因子，平常也看不出什么，一有参政议政的机会，决不肯袖手旁观，就好比我们一些男人，轻易不肯袖手旁观美色一样。所以有句流行至今的老话说，好男不跟女斗。妻子果然不容我多想，一参加完小妹妹的婚礼就旧话重提，扳着指头跟我算账说，这些年，也不能说你没挣一点钱，可咱们光锅碗瓢盆就张罗了几套，又丢弃了几套，钱全花在路上了，啥时是个头啊。以前儿子小，幼儿园可以乱上，现在马上该上小学了，还能今年在这儿读一年级，明年去那儿读二年级？反正这回我是不打算再跟你瞎跑了，她九九归一地说，去濮阳呢，我和儿子就还跟着去。去南京的话，俺娘俩就不奉陪了。

妻子铁了心要我到濮阳来，铁了心要我换份安稳的工作，却不知安稳的工作不光少了风险，也少了更多的可能性。我到濮阳不过两个月，北京一位朋友费尽周折找到我，说他那儿成立了一个影视制作公司，急缺人手，几次三番动员我去，开出的条件，比这里优厚十倍都不止。那时我初来乍到，工作上还没干出什么起色，我自己一时也下不了狠心离开，犹豫来去，机会就错过去了。这是一回事。另一回事是，这地方离老家近，也离老车近，妻子想不到也便罢了，我怎么能给忽略了呢？结果我刚刚在这座叫濮阳的城市落住脚，屁股还没坐热乎，他就骚扰上门来了。

老车说，在城市就像在乡下，咱想咋着就咋着。

老车这话是在农中同学毕业10年以后的一次聚会上说的，仿佛一句名言，在很多同学之间口口相传着。不服不行，大家一边传播一边感慨地说，人家这样霸气的话，咱们谁敢说？这时大家已满身沧桑，大多接近三十而立或过了三十而立的年纪，但真正立起来的没有几个，包括我。不用说，那次聚会是老车召集的，只是地点已不在墨水镇最好的酒店鸳鸯楼，老车早就不屑一顾了，甚至都不在墨水县，而是直接出了省，移师到了濮阳的一个大饭店里。我记得那是个星期三的下午，一个拿腔捏调的家伙打来电话说，是刘大主编吧？我小心地嗯了声说，我是姓刘，请问你是？那头就嘎嘎地笑了，说，谁不知道你姓刘，我问你你听出我是谁了不？我是我啊，你的老同学。

从小学到大学，同窗共读过的，总得有千儿八百个吧，哪个同学不老？再说他还装腔作势着呢，我当然听不出，只是在社会上历练这么些年，我也学会打哈哈了。是你这家伙啊，我说，怎么有空想起我了？在哪呢，咱那些老同学都还好吧？我这样一说，他才恢复了本来的腔调，像在对另一个人说，敢情老班那家伙还行，好像还没忘本哩。又猛地把声音提高了八度说，我跟车总在一起，准备去看看你。操，看把你吓的，又不用你请客，是车总做东叫我们同学开开荤哩。还是车总好吧？哪像你小子，当了个鸟编辑就把弟兄们忘了。好，叫车总跟你说。他一提老班这个久违的称呼，且又絮絮叨叨地说了这么多，我的目标就锁定在墨水镇那个方向了，立即猜出他是老妖。但怎么又突然冒出个车总来，车总是谁，脑子里刚电光石火地想起老车，听见那头换了个人说，你抓紧赶到水云天酒店888号，我们也马上就到了。什么还没忙完，不快下班了吗？那你开着机吧，别到时找不到你。

　　没有招呼，也没有商量，果然是老车的风格。在那以前，老车他们也提议过搞同学聚会，我其时不是在流浪的路上，就是准备去另一个地方流浪，偶尔回乡，也都是来去匆匆，他们联系我困难，我也没那个闲情，一直没参加过。但今天他们打着看我的名义跑到我这来，显然是再逃不过去了。放下电话，我向同事江水莲打听水云天在哪？江水莲吃惊地说，你怎么会不知道水云天，在濮霞街南头，算咱市比较豪华的饭店了，集餐饮娱乐洗浴休闲于一体。这是谁请你腐败了，去那么好的地方？我一阵怅然，不仅缘于我在这座城市里还不如老车熟悉，我毕竟刚到，不熟悉也情有可原，更缘于他那句"你开着机吧"。老实说，我起初听到这句话还愣了愣，它让人容易想起一个谐音的俗物，有点下流，还没愣完，我就知道自己领会错了。尽管时值2002年夏天，至少在城市，手机已相当普及，但我的确还没配置，老车的确高估我了。那时我们一家三口租住在城中村的一间民房里，又做饭又睡觉，连一个下脚的地方都没有，连固定电话都没装，更不要说手机了。我不想叫单位的人看见我那些咋咋呼呼的农中同学，忙收拾一下手头的工作，一个人乘公交车去了。

　　水云天很好找，差不多是濮霞街最高的一栋建筑，装饰典雅别致，桌椅玲珑剔透，暗处有花香弥漫，有轻柔的音乐回旋。一服务员过来问我有预定没有，我试着报出888号，她就笑吟吟地半弯了腰，一手虚掩胸前，一手放低并摆了个弧线说，那您一定是车总的客人，先生这边请。我刚被她引领到电梯旁，听得外面一阵喧闹，回头看去，只见老车在老妖等人的簇拥下从车上下来了，二壶、老一几个家伙还跑过来抱住了我，弄得大厅里一片哗然。

　　咦，老车看了看我说，怎么弄得跟个小老头一样？

　　是的，我已经像个小老头了，老车依然滋润着，且愈发气宇轩昂了。簇拥着他的，不仅有农中的同学，还有两个样子酷酷的保镖。他们朝我矜持地点点头，发现我实在不值得戒备，才各自退到一边去。自从老车发迹后，我还没大跟他见过面，对他发迹到何等程度，不甚了了，待此次见面，想不跌掉眼镜都不行。这一回，老车真的开了三辆车来，当然不是他当初梦想的洋车子、摩托车和拖拉机，而是货真价实的宝座，一辆悍马，一辆捷豹，一辆加长林肯。888号是一个装潢考究的宴会厅，中间摆着一张可以围坐二三十个人的大圆桌。屋子里宽敞明亮，大大小小有数百盏灯。我发现来的人里，差不多全是当初同一个寝室的同学，只是已凑不够数，把我算上才21个。当初我们寝室里有27个人，不过毕业10年，就有一个因病死亡，一个因火灾烧成植物人，另几个虽还没什么不测的消息传来，但一年前分赴日本、新加坡打工去了，不知发没发财。剩下的这些同学，大都还在老家那片土地上活动，但业已离纯正的农民有些远了。

　　出狱回来，二壶托了几任媒婆都没说成个媳妇，不得不改名换姓，去邻近一个村庄的独女户家当倒插门女婿。墨水镇一带，正常婚娶的女婿是不喊女方父母爹娘的，只叫大爷大娘，但倒插门的就不行了，得乖乖地喊爹喊娘，还得姓人家的姓，叫人家给起的名。这使二壶觉得窝囊，萎靡不振了好长一段时间。为此我曾拿我的事劝过他，说我的媳妇倒是自己拐来的，而且岳父岳母还一度不承认我这个女婿，但现在见了面，还得按人家城里人的规矩喊他们爸妈，谁的父母不是父母？现在他已是一男二女三个孩子的父亲，也顾不上闹情绪耍脾气了，贷款买了一辆不知转了几手的破桑塔纳，农忙时忙农活，闲下来就拉人载客地跑黑车，贴补家用。上个月他来濮阳送客，为躲避交警的围追堵截，他穿街越巷一溜狂奔，险些车毁人亡。老一还没他运气好，连个倒插门的人家也找不着。他后来从人贩子手里买了个四川籍的小媳妇，一口气生了三个孩子，因为都是丫头片子，他打算继续超生，直到生出儿子。老一前年开了个磨坊，头发、颈窝里老有擦抹不去的谷糠面屑。现在跟他说话得可着嗓门说，因为终日萦绕耳际的马达把他的听力给破坏了。就老妖的情况稍好些，现在老车的化工集团当一个子公司的副手，名片上赫然打着副总经理的字样。他工作过的酱油醋厂后来被老车并购，改成造纸厂，他作为原企业的遗留员工，又有同学这层关系，得以继续留用，并破例进入中层。之所以说破例，是因为老车化工集团的各个子厂子公司的负责人大都有大中专以上的文凭，据说还有几个硕士生博士生。其他同学也有在老车的企业打工的，或押车，或卸货，不一而足。纵使在一个屋里睡了那么多年，也经不住身份发生了变化，主仆关系一确立，他们别说找老车叙旧，连见他一面都难了。所以此刻见了面，已没谁再敢老车老车地叫他，大家张口闭口言必称车总。车总很豪气，不由分说地把我推到主座上说，今天就是为请我才摆这个场的，当然得坐首席。

我的首位是虚的，直到老车坐下了，一圈人才依次坐下来。岁月把固有的秩序打乱，新的规则在不知觉中形成了。两个服务员甜甜地叫了声车总，一边递上来菜谱，问他今晚想吃点什么。老车泛泛地摆摆手，一副什么都懒得吃的派头。他现在连手机都有专人接听，山东河南各有移动联通两个号，末尾3位数是清一色的8，他身边不仅有保镖，还有一个随时为他拎钱包的，菜就更不用他亲自点了。还是老规矩，老妖替他发话说，八百八的包桌。又说，上次车总不是吩咐你们开发一桌八千八的饭菜出来吗，怎么还没弄好。给你们邱老板说一声，叫他抓紧开发，再叫他过来给车总倒个酒。虎着脸把服务员吓走，一转过身来就点头哈腰地笑了，给老车敬上一支烟，又双手擎着火柴送上去火说，车总，你看我这狗腿子当得够格不？

大家就笑了。

酒是五粮液，同学们难得一喝，个个贪杯。因为是十年聚，老车提议一年至少先干上一杯，接下来怎么喝再说。大家积极响应，共举了十杯。我还是不胜酒力，即使五粮液也不胜，而老车已历练出来了，杯杯见底。十杯酒一过，老车就执起酒瓶说，今天见了老班高兴，我带头给你倒三杯。我连忙推让，老车已往我酒杯里续满了酒说，全班同学就你一个混出人样的，大诗人兼大主编，咋说也得叫我们表示一下敬意吧。

可不是咋的，老妖学着他的腔调说，除了车总，我们最敬佩的一个人就是你了，不叫我们表示一下敬意可不行。

又说，实话跟你说吧老班，咱车总跟镇长县长在一起也没敬过酒，你比他们面子都宽哩。

大家见找着矛头了，纷纷站起来帮腔说，是啊老班，像我们，别说能喝车总倒的酒了，就是想给他敬杯酒都找不到机会。快点喝快点喝，我们还等着给你敬酒哩。

一圈酒倒下来，一个比一个有攻击力，跟十年前比，今天的势力绝对一边倒了。我醉眼里留意了一下，还就二壶、老一没怎么变节，只雷声大雨点小地跟我比画了一下，就放我过了关。不期老车冷眼旁观着呢，打着酒嗝仗着酒意呵斥说，你们两个狗日的那几年监狱真是白坐了，怎么就你俩执法不力？

老妖现在真是一身的妖里妖气了，立即从他俩手里夺过酒瓶说，好啊你们三个，敢在老同学面前打马虎眼，真是太不够意思太无法无天了。刚才喝的不算，现在换我执法，车总和同学们监督，一人再罚三杯。

一箱五粮液很快告罄。第二箱再打开的时候，我实在撑不住，跑到卫生间里去吐酒，结果还没靠近洗手池，就被门框碰了一下，一弹一扑，头撞到水池上，人出溜到一个湿淋淋的拖把上，哇哇吐起来。服务员慌得赶过来，二壶、老一也赶过来，他们把我架到洗手池上，我却站不住，头又撞到池子上。我看见有血流出来，但已感觉不到疼痛，二壶有些心疼了，问服务员有没有碘酒药棉什么的。老一也一边给我捶背一边说，老班从前都不大喝酒，不能叫他再喝了。老妖还妖里妖气地说，老班这是五粮液啊，滴滴都是粮食精啊，怎么说吐就吐了？老车在后边说，让他吐吐吧，吐完了再接着喝。

吐完了没有再接着喝，至于他们是不是接着喝了，我已不是十分清楚。我恍惚记得我进了一个空无一人的房间，几把椅子拼成了一张床，一条腿跷到桌子上，一条腿耷拉到地下，晕晕乎乎地睡了过去。后来他们就把我拉到了车上，又拉到一家叫皇家牧场的歌厅去。因为据老车说，水云天的饭菜虽不错，但音响设备一般，小姐一般，所以要换地方。我连说不的力气都没有了，是二壶、老一把我架下车，又一左一右地搀扶着我。皇家牧场可能开业不久，空气中隐约夹杂一股甲醛味儿。但也许正因为刚开业，生意盈门，一路走来，每个包房里都有嘈杂的歌声，或煽情或矫情，花腔百出。走廊尽头有一个偌大的房间，音响震耳，吊灯明明灭灭地闪烁。一伙人刚东倒西歪地坐下，一领班跟来，老车打了个响指说，你查查数，一人一个。领班低声说了声人手不够，老妖就替老车发话说，不够你给车总借去。

也没耽搁多久，屋里就冒出一溜千娇百媚的小姐，一律巧笑嫣然，美目流盼，碎步轻移之间，开叉很高的旗袍缭绕复缭绕。她们待价而沽地站在我们对面，低眉顺眼地等着大家挑。老车又打了个响指说，老班你先挑。我头疼得厉害，几乎看不清人，但知道拖延下去徒添无趣，更多的同学眼巴巴着呢，就随手指了一下，一个白衣白裙的女孩笑嘻嘻地走到我身边来。女孩真跟个乖猫一样，一坐下来就拉住我的手，温言软语地喊我老板，她可能把老班听成老板了。我也没辩驳。她又问我要不要抽烟，或者喝点什么，我摇摇头，她就用竹签戳起一块西瓜递到我嘴边。我是真的有点难为情，觑眼一看，大家怀里都有了小姐，果然是一人搂了一个。接着点歌，起舞，拍手，尖叫，打呼哨，男女重唱了再大合唱，乱哄哄你方唱罢我登场，反正都不着个调，索性蹦起迪来了。

这期间，老车居然唱了一首鼓舞人心的《好汉歌》，且音域宽广洪亮，舞台动作也像模像样，最后还来了个可以乱真的造型，惹得一片叫好声。接下来是老妖，他跟他的女伴唱的是《让世界充满爱》。歌手唱那句"轻轻地捧着你的脸"时都不一定真捧起来的，他却把那个女孩的脸捧起来不放，深情款款。大家又嗷嗷叫好，各自歪倒在沙发上跟自己怀里的尤物耳鬓厮磨。灯光越来越暗，有一个家伙的手探进女孩的衣衫里，另一个家伙则把女孩的手塞到他自己的腿间。我知道时代变了，无论老车还是老妖，乃至今晚出场的所有同学，我都得刮目相看。这时我身边的女孩问我要唱什么歌，她去给我点，最好也是男女合唱的，我们俩一起出场。我想不起自己会唱什么男女合唱的歌，泛泛地说，我只会唱一首"爱江山更爱你"的歌，可你看我还能唱吗？女孩有点难为情地低头笑了，甜甜地喊了一声哥。我改美人为她，她改老板为哥，也算投桃报李了。这样的调情在我已久违了，很想笑一下，嘴却撕裂般的疼。女孩好像这才看见我额头上鼓着一个硕大的包，左眼睛青肿着，下嘴唇也比上嘴唇厚了许多，惊得又轻叫了一声说，哥你咋了？我疲惫地摇摇头说，你要真心疼哥呢，就掩护哥睡一会儿。

　　我藏身到女孩身后闭上了眼。恍惚中听见老车来叫我，老妖来叫我，二壶、老一来叫我，我都没吭声。他们也不管我了，只听音乐、笑闹声和开酒声响成一片。不知谁先说到了十年前，说这样的良宵美景，十年前连想都不敢想。老妖可真是修炼成一个妖怪了，此番又借题发挥，指指点点又骂骂咧咧地说，你们这些狗日的，一个比一个狗眼看人低。十年前车总说他能把三个乡下女人的奶子摸了，你们还他妈不信，现在车总连投怀送抱的城里女人都懒得摸懒得尿了，都他妈看清楚了没有？

　　我仿佛找到了本次聚会的主题，老车大手大脚地炮制这么一个花天酒地的夜晚，难不成就为了推倒当年的一句戏言？房间里静了一霎，同学们大眼瞪小眼，一时不知怎么接他的话，空气流动得滞缓而黏稠，连嗲声嗲气的小姐都不敢吭声了。多亏老一耳背，结果还是他最先打破了沉默，有些煞风景地问二壶说，狗日的老妖在说啥？

　　狗日的老妖说他要是个母妖精就好了，二壶大声地说，那样车总虽不一定宠幸他，但没准就可能摸摸他尿尿他了。

面面相觑的同学们这才嗷的一声笑起来，重新抽烟喝酒唱歌跳舞，间以粗话痞话情话悄悄话。混乱中老妖走到老车身边，邀功请赏地说了一大堆肉麻的话才扯出他内心的想法，支支吾吾地说，车总我撑不住了，我想跟那个妹子单独说会话去，能给开个房不？老车就是在这当儿说了那句广为流传的名言的，在城市就像在乡下，他豪气冲天地说，咱想咋着就咋着。还有没有要开房打炮的，只管开。大家连声叫好，各自跟怀里的女伴征求了意见，都说要开。老车笑骂说，一群没出息的家伙，老子本来还想一人再赏你们一次鸳鸯浴的，还没按摩呢，这么快就撑不住了？一伙人真是顾不上跟他多话，一阵风似的，只管席卷着女伴跑了。

　　屋里很快空下来，老车倒弄高了音响，夸张着醉态，一步一歪地走到我身边，问我要不要也开个房打个炮去？我还是没吭声，他便一拳捣到我脸上说，老班你醒醒。

　　我身边的女孩哇的一声叫起来，看见有血溅到她衣服上，又慌忙掩上嘴，往外撤着身子说，车总，车总，他本来就受伤了啊。

　　他本来就受伤了啊，老车坏笑着说，我还以为是我失手打的哩。没事，我们老同学闹着玩的。他装睡不支持你的工作，你看看我那些同学有没有要玩两个的，要不你跟我那两个跟班的伙计双飞去吧，我们兄弟俩说说话儿。

　　女孩一走，屋里就真只剩下兄弟俩了。

　　老班你知道吗，老车大着舌头说，我很看重小时候的交情，也对你那些年的关照很感激。所以你缺什么少什么了，只管说一声，要钱给钱，要物给物。这话我不是今晚喝了酒才说，什么时候都敢说，你要是不信，我可以给你立个字据。我已过了挨一巴掌再给个甜饼子吃就能破涕为笑的年纪，叫他有屁就放，不必绕弯设埋伏。感激归感激，他果然话锋一转又说，我还是连杀你的心都有。你可能不知道，我杀你连面都不用出。但谁让我们是同窗是发小是哥们呢，是亲兄弟就应该明算账是不？我原本也想过有一天老车会找我算账，但没想到他算个账还要走这么多的步骤，更没想到他会把地点选择在这样一个声色犬马的场所，叫我羞于启齿，无处可说。就摇摇头没跟他多说，只等着他快点把账算清。

这一拳，老车说，是还你十年前半夜里打我那一拳的，我连利息都没长，算不算多？

这十拳，老车说，是感谢你送我坐了六年监狱的，一年才一点五拳，算不算多？

这二十拳，老车说，是让你偿还我表哥的命的，就算他该死，可他二十岁的一条命才换你二十拳头，算不算多？

接下来你说个数吧，老车气喘吁吁地说，多少拳才能叫你长点记性？我都打算放过你了，你为什么还要跟我过不去，又跑到这来打单小双的主意？打你一百拳头，算不算多？

音响刺耳，拳头窝心。老车左一拳右一拳，似乎每一拳都不算多。在这不多的拳头里，老车已打出满身大汗，我业已被他打得酒醒了。往事水一般涌来，细节一点点呈现，想起黄蒜薹的死，想起白梦娣的疯，我忽然也有了一股打架的冲动，一折身从沙发上站起来，照准他鼻梁猛捣了一拳说，狗日的老车你瞎咧咧什么，我连单小双人在哪里都不知道，我能打她什么主意？我不知道自己的脸有多花多难看，但我的拳头也不是吃素的，我十年前就能一拳把他打得跟熊猫一样，十年后虽不见得力道更大，也照样把他打出了满脸鼻血。老车冷不防跌倒到茶几上，我又飞起一脚，把他从茶几上端下去。只是我这一拳一脚的效果不是很理想，我把他那两个不知跟没跟那个女孩双飞的保镖给惹来了。跟老车比，保镖们显然是更专业的打手，我刚左手操起一个话筒，右手拎起一只酒瓶子，他们就把我打到沙发下面去了。

在我备受折磨的时候，我的那些同学们尽享欢乐，天可怜见，倒是曾在我身边坐过的那个女孩喊来了保安，让我免于一场更深重的皮肉之苦。我不知道那女孩算不算妓女，但无论算还是不算，她在我不照顾她生意的情况下照顾我，从此改变了我对小姐的态度。我想起一位笔名叫丛丛的文友，他在一首诗中写道："每次嫖娼未遂／我都痛哭流涕／为什么那么多婊子／都越看越像我们的姐妹？"我先前还不大以他这首歪诗为然，现在却深得我心，与我心有戚戚焉了。

只是保安来了也怎么不了老车，据说连总经理董事长来了都枉然。老车息事宁人地摆了摆手，呵斥大家都出去，说是我们自家兄弟算账呢，用不着别人凑热闹。等屋子里又只剩下兄弟俩了，老车才擦擦唇角的血说，狗日的老班算你嘴硬，咱都既往不咎，从此一笔勾销了。只是这一次，难道又是我先失算了？难道你真不是为了单小双才到濮阳来的？

天下本无事，庸人自扰之。我很遗憾老车富得流油了还是个庸人，他不说，我何曾知道单小双已被他包养起来，并在这座我刚刚落脚的城市里居住着。对于他自以为是的怪问题，我只有从鼻孔里哼一声，报以冷笑。老车摇摇晃晃地坐过来，递给我一瓶酒，自己举起另一瓶酒，碰了一下我手里的酒瓶说，咱两兄弟干一杯行不？

这一夜下来，一会情同手足，一会势若仇敌；一会推杯换盏，一会拳来脚去，转换之快，在老车几乎不需要过渡一下，在我却是无所适从

跟我说爱我

136

的难事。一切都那么像一场拙劣的游戏，我已没心情跟老车干杯，但我口渴得厉害，就算一向不胜酒力，也该豪饮一回了。我一滴不剩地喝完了那瓶酒，然后甩手把它撂到了垃圾桶里。我们的账算清楚了没？我一边往外走一边说，想想黄蒜薹的死吧，想想白梦娣的傻吧，人家最多玩个火，我们却在玩人命，我承认我跟你玩不起，我不陪你玩了。

第九章　发现

　　我们在车上僵持了太久，一会打火一会熄火的，那位送我们出门的服务员看出了蹊跷，帮着叫来一辆出租车。我看二位都喝多了，她说，就别自己开车了，车放在我们这里没事的，随时都可以来取。

　　我想也只能这样了，就把单小双哄到出租车上去。司机问我们去哪，我转脸问单小双去哪，单小双头也不抬地歪在座椅里，一只手指意不明地往空中挥了一下，又挥了一下说，石碾前，把我送到石碾前。司机有些发蒙，说他刚下岗跑出租，还没把这里的线路跑熟，不知道怎么走。我当然更蒙，也不知道石碾前在哪，但我不愿意表现出来，免得他欺生宰客。我猜想这个叫石碾前的地方或有石碾标志的地方，应该在油田总部附近，就让司机先往那开，到了再问一下。

　　已是深夜，车子在空荡荡的街道上飞驶，差不多穿越了整个城市。我在开往石碾前的途中给妻子发了条短信，胡说今晚临时加班，可能要晚回去一会儿，让她先睡，不用等我了。

濮阳偏居豫东北一隅，因为中原油田的进驻才得以从安阳地区分设出来，此前只是一片风沙漫卷的不毛之地，属黄河故道遗址。以一条南北流向的马颊河为界，西边是市区，东边是油田驻地。我们老家的人到濮阳来，实际上也就是到油田总部来，有需要买卖的东西，一般深入不到市区，就在总部搞定了。我猜想单小双也住在总部那边，大方向上应该是对的，但到了那边几个有些规模的住宅区让单小双辨认，她还拿醉眼瞪我，胡话连篇地说，石碾前能是这个样子吗？

老车给我的下马威，卓有成效。在濮阳蛰居的这些年，我从没有刻意地寻找过单小双。自欺欺人起来，我会想老车没准已把她转移到别的城市里去。毕竟是拖家带口的人了，哪能老缠着青春期时的那些破事儿。抛开这一点，我老家还有母亲和弟弟呢。我曾听老车亲口说过，如果说他不干净的话，那么全墨水村的人也没一个干净的，只要他想把谁送到监狱里去，谁都够得上判刑。我知道这差不多是事实，也知道老车有这样的本领，他把在墨水村当了许多年支书村长的化肥赶下台不说，还把他送到了监狱里，贪污，渎职，巨额财产来历不明和乱搞男女关系，罪名一大堆，够化肥坐穿牢底的了。别的人虽不至于像化肥那样罪大恶极，但肯定比化肥更没势力，在那个不以偷电窃油为犯罪的村子里，追究起来，真怕是谁都经不起追究。我有幸脱离了那片是非之地，不能自己再卷进去了。

而且我也确实玩不过老车。我在报社干的是编辑，选稿，组版，校样，又琐碎又具体，一时间我连写诗写小说都顾不上了，遑论玩儿！此外，生存的压力层出不穷，按下葫芦浮起瓢，单是按揭买房一桩事，就差点没把我累趴下了。借钱，典当，节衣缩食，天天疲于奔命了，每每解数使尽了，距离那高额的房价还差老大一截。期间我妻子多有抱怨，有一次就说，当初老车坐监时，听说你跑前跑后，比他家兄弟还卖力，现在遇到难处了，怎么不跟他说一声去？

我不知道她是否清楚我和老车之间的恩怨，又究竟在多大程度上清楚，我自己从没给她细说过。那晚我血头花脸的，身上也多处红肿青紫，就在路上多磨蹭了会，想了好几个可以蒙混过关的借口，反正不能叫她太担惊受怕了。回到家来已是深夜，我妻子果然大惊失色，一迭声地说，娘哎，我的娘哎，你这是咋了呀？

没事，我大咧咧地说，不巧遇上了一伙打群架的，我只是想拉拉架，再顺便采访一下原因，不料双方打红了眼，又黑灯瞎火的，这伙人把我当成那一伙的，那伙人把我当成这一伙的，乱中给搅了进去。等他们发现打错了对象，又争着给我赔礼道歉，摆压惊酒。我嫌烦，胡乱应付了他们一下就回来了。

妻子不全信，但一时也推翻不了谎言，只说没想到现在治安这么乱，以后可得注意点，下了班就早点回家，谁请吃喝也不去。还有工作上的事，也得悠着点，干吗给个棒槌就当针认哩。

多年夫妻成兄妹。我妻子平常对我再恶声恶气的，我真有哪里不舒服了，她还是比谁都心疼，恨不得替我不舒服。当下她也不顾得穿衣服，就那么歪戴着乳罩满屋乱跑，翻箱倒柜，药水药膏找了一大堆。不过是些皮外伤，一路走来，我早过去疼痛劲了，却难得她又乖巧体贴起来，故意龇牙咧嘴地说，光这些外药没有用，不干净不说，药效也慢哩。她说也是，又慌得去找跌打损伤的止痛片什么的，还真找了一些来。我仍然摇着头说，是药三分毒，你别再找这药那药的了。我琢磨着，这事不能头痛医头，脚痛医脚，得想个标本兼治的法哩。这话有点饶舌了，搁平时我妻子准跟我光火，此刻也顾不上，只是有些眯瞪地瞥了我一眼，用手摸上我的头说，你不是叫人打糊涂了说胡话吧，我怎么越听越不对劲哩？我顺势捉住妻子的手，把另一只手伸到她歪斜着的乳罩里去说，是不对劲了，非热敷不能退烧，非针到不能病除哩。我妻子气急败坏地笑起来，摘下胸罩就扣到了我嘴上说，我再叫你胡说，看来还是叫人打得轻了。

热敷是我们之间的一句悄悄话，打针也是。

许多年过去了，我妻子的胴体依然妖娆，容貌也依然姣好，每每跟她搂抱到一处，我都心生恍惚，感激上帝格外开恩，赐予我如此奢侈的眷顾。上周六，她从电视上看到一个不成为问题的伪问题，一伙小资们在那里煞有介事地讨论女人什么时候最美丽。有说做饭的时候，读书的时候，还有说奶小孩的时候，倚门而望的时候，犹抱琵琶半遮面的时候，翘着兰花指抽烟端着酒杯茶杯细品慢啜的时候，林林总总，不一而足。她叫这么多的说法搞糊涂了，转脸问我眼里的她，什么时候最美丽。我知道，女人在这方面永远是个长不大的小女孩，也乐得哄她开心，就说在我眼里，你都没有不好看的时候。她果然很受用，笑眯眯地亲了我一下，接着就发现我偷换概念了，不依不饶地拧了一下她刚才亲过的地方说，你少来，人家说的是最美丽的时候，快点说。我早觉得这问题可笑了，那时也豁出去了，上来给她一句说，你最美丽的时候，是在床上。结果让她操起鸡毛掸子在小屋里追打了半天，嫌我狗嘴里吐不出象牙。租来的小屋么，毕竟太小了，追来打去还是追打到了床上。在床上，我再一次确认，那是一个女人最美丽的时候。

房中情事如画，两口子又温故知新了一回。所以我压根没跟她提老车已给了我一个迎头击之的下马威，至于我喜欢的女老师单小双也在这城市的某一个地方住着，她更是一无所知。她知道了，除了徒增警觉，也徒添无趣。算下来，我妻子也没在报社印刷厂干几天。这年头哪儿都僧多粥少，印刷厂也是，实行的是轮岗制，计件工资，谁不是抢着活儿干。她初来乍到，自然抢不过人家，且没个钟点，不定什么时候有活儿，活儿一来，深更半夜也得去突击，倒弄得我和儿子吃不好饭，睡不好觉，坚持了不过一星期，我们父子双双上火感冒，只好让她退出来了。生活的担子并没有因为我来到濮阳而减轻，每每捂上胸口，我都会感到自己的心脏已不堪重负。

　　但我还是没去找老车，我一个人挺过来了。2005年秋天，那栋始建于2003年的房子终于竣工，我们顾不得等它风干一下，第一个搬进空荡荡的新居。楼层虽然高了点，是六楼，也是顶楼，但顶楼上空气新鲜阳光充沛视野开阔啊，每天爬上爬下的，不用专门锻炼也锻炼了身体啊。也是在六楼极目远眺的时候，我会毫无防备地眺望出一股落寞，一股忧伤，面对着城市里鳞次栉比的窗口，我不知单小双在哪个窗口里起居，她是否也会像我这样于一个梦魇缠身的深夜突然惊醒，一个人怅然若失地凭栏？

　　她会凭栏，今晚我就能洞见谜底。

　　我不知石碾前应该是个什么样子，让车停到一个小区门前，下去去问那里的保安。保安已有了些睡意，见问不由警醒，信誓旦旦地保证说，他从小到大在濮阳生活，从没听说过哪个地方叫石碾前，或哪个地方有一个石碾。就这样盲目地找了大半夜，石碾前依然是一个遥远神秘的地方，而计价器上不断攀升的数字，则不断叫我心惊肉跳。行至一个宾馆门口，我让司机停下车说，好了，就是这了。

　　我把单小双从车上架到宾馆大厅的沙发上，自己去开了一个房间。

搀着她往楼上房间走的楼梯上，单小双似乎有了些清醒，但又似乎比先前更醉了，一会儿把整个身子的重量倾斜到我身上，一会又扑到楼梯扶手上，把一段并不陡峭的楼梯，走得东倒西歪，险象环生。接下来要穿越一条铺着地毯的走廊，仿佛在穿越一条长长的时光隧道，人行其上，悄然无声。走到房间门口，单小双酒意已去了大半，却还糊涂着一张脸说，这是到了哪啊？

十年前，我一边对着门锁刷卡一边嘘了她一声说，你准备好了吗，马上就到十年前了。

十年前，我还是一个精力过剩的小伙子，单小双还是一个风韵犹存的少妇，所以根本不用准备，也几乎没有过渡一下，一掩上门，两个人就抱到一堆儿了。与其说是一场幽会，不如说是一场战争。也是到了战场上了，她才一次次咬我，掐我，恶狠狠地刮我的鼻头，骂我良心都叫狗吃了，不知道她在濮阳也便罢了，知道了却一次也没找过她，还算是个人吗？我这才吃惊地发现，单小双为什么要痴人说梦地回到十年前了，作为一片被撂荒的土地，她实在是给闲置了太久太久啊。

我还发现，有些传言是不可信的，经不起推敲，更经不起验证。单小双的乳房其实是对称的，比我妻子的稍大些，但也比我妻子的老相些，不知是不是少有人抚摩吸吮的缘故。至少，单拿眼睛来看，是根本目测不出什么区别来的。至于老车反复描述过的一个大兔子在领着一个小兔子撒欢儿，更无从谈起。一开始我们光顾着打仗了，没好好看，也没好好比较过，直到各自都有些虚脱，去卫生间洗浴，点点水珠密布上她的胸脯，我才看直了眼，觉得哪儿不对劲。

怎么了，单小双犹疑着说，你发什么愣？

我把她揽过来，两手托住她的胸脯，吭哧了半天才说，你知道吗，在农中的时候，我们都私下里传说你这儿不一样大。

　　老车包养单小双的时候，就像我们先前说过的那样，早已好车任开，美女任骑。他为什么还要打单小双一个半老徐娘的主意，说到底是为了一个解不开的疙瘩，一个缠绕他心头多年的死结。一个暴发户的财富到了一定的数目，就像一个无德官员的权力到了一定的级别，是要为所欲为的。二壶、老一跟我说，这些年，谁也说不清老车究竟睡了多少女人，光是在墨水县城的墨宝名苑住宅小区里，他就一下子买了整个单元的10套房子。从一层到五层，除了一套住保镖，一套住狗，一套啥都不住，名曰作战指挥部，其他7套住的全是他包养的小妞，号称七仙女。老车仿佛不仅要把坐牢那几年没挣到的钱翻倍挣回来，还要把那些年没睡过的女人翻倍睡回来。

　　但是，尽管猎艳无数，老车还是没找到一双理想的乳房。为这个事，老车曾一口气逛遍了周遭好几个县市的娱乐场所，甚至还东渡日韩西去欧美地逛过洋淫窝。有一个广为流传的细节是，当他发现这样的寻找太耗力费时时，不得不修改方案，索性把墨水县城十几家酒吧歌厅发廊的百余个小姐集中到一处，一人发100块钱，也不嫖，只为了叫她们脱光了衣服由他检阅。这对于从事那个行当的小姐们来说是多大的福音啊，脱一下衣服都能赚100块钱，要是再睡一下，或者干脆叫他选妃一样地选到后宫里去，岂不是就掉到福窝里去了，便一个个脱得一丝不挂，精赤条条，然后排了队，嘻嘻哈哈地等着他老人家巡幸。当下老车在她们中间穿来梭去，扳过一个女的胸脯看看不是，再扳过一个女的胸脯看看还不是，那情景颇像莫言小说中那个男孩在满地里寻找透明的红萝卜，拔了一棵又一棵，每一棵都不透明。她们的奶子或饱满或不饱满，居然一模一样，没一点出入。稍微有点可疑的，眼睛一下子目测不出是不是一样大小，用手一摩挲，还是没啥区别。面对着一对又一对毫无个性的乳房，老车真是伤心欲绝，满目怆然啊，他开始怀疑他当初看到的单小双的乳房一大一小压根就是看花眼了，还什么一个大兔子领着一个小兔子玩，更是无中生有了。眼看着百余对乳房没有一对是他想要的，老车都没信心走到这支由女人裸体组成的森林尽头了。没事了，他疲惫地摇了摇手说，大家都穿上衣服走吧。

小姐们意兴阑珊，鱼贯而退到门口那儿，直到从老车的跟班手里领到了一张老头票，心情才又好起来，七嘴八舌地回过头说，谢谢老板。可是你能不能告诉我们，你究竟要找一个什么样的女人？你找不到，未必我们也找不到。你说说看。

老车懒得理他们，给她们发钱的跟班儿顺手把钱丢到一个女人的胸口，附到她耳边说，明给你们说吧，我们老总在找一个这儿不一样大的女人，早把房子车子都预备好了，可你们没福气怪谁。

那恁这老板也太难为人了吧，女人们说，哪个女人的这儿不是一般大的？

就有不一般大的。

这时，一个衣服脱得很慢的女人怔住了。她因为自己的乳房不一样大小而羞于当众脱衣，直到灵机一动地把束在脑后的头发解开，从颈后扒拉到胸前来，她还在担心自己能不能跟别人一样挣到那100块钱。但是她闻言就欢呼雀跃起来了，一下子撩开头发。老板，她趾高气扬地说，老板你是在找我吧，我在这儿等你哩。

老车一回头，果然看见了一对与众不同的奶子，一个大，一个不大，一恍惚，就是一个大兔子领着一个小兔子在撒欢儿了，忍不住眉开眼笑，三步两步走过去，一搂女人的腰把她举了起来。老车含混不清地说，姑奶奶，好姑奶奶，你叫我找得好苦哟。你知道吗，你他妈的奶子简直跟我老师的一模一样。

如此喜从天降，如此由一个站街女变成一个即将拥有豪宅宝车的富婆，女人真是幸福啊，一跃从地上爬起来，再不觉得她有别于常人的乳房羞于见人了，反还抖了抖身子，晃了晃脑袋，甩了甩头发，临穿衣服又自己用手托了托了那对宝贝，嘻嘻地笑说，老板，老板，我是左边的大，右边的小，你老师是哪边的大，哪边的不大哩？

女人不知道自己的话有多煞风景，也不知这句话会葬送她唾手可得的前程，她这一问，就把老车问傻眼了。他只是深刻地记着单小双的奶子不一样大，何曾记得到底是哪边大哪边小，纵使想破脑壳，也一点儿都想不起来了。如果说女人大小不一的奶子即便不是天生的也可以既往不咎，让他无始无终的寻找可以告一段落，他可以自欺欺人地歇口气，把她权当成单小双的话，那么，有了这么一个突如其来的天问，他还怎么放得下？有她没她，不都是解不开他心头的死疙瘩吗？老车泛泛地拍了拍女人的肩膀，泛泛地说，你老人家可真会出难题啊。

就这么着，老车像个迷途知返的浪子一样，一掉头又找单小双去了。

老车找单小双，还有一个隐衷，是二壶、老一告诉我的，老车那个玩意儿越来越不中用了。

大约是2004年春天吧，老一终于超生出一个儿子，虽然被罚了万余元的款子，但他还是很高兴，高声大嗓地打来电话，让我一定去喝他儿子满月的喜酒。老一的儿子晚生了十多年，要是他前妻所怀的那个儿子不胎死腹中，早该是个中学生了。如今历尽艰辛，总算又有了个儿子，他高兴，我也替他高兴，不说喝喜酒，也应该去捧个场的，但我不巧在外地参加一个采风活动，赶不回来，只好给妻子打电话，让她送五百块钱去。妻子倒没说不去，只说五百有点多了，而且是个单数，如果觉得两百拿不出手，四百行不行。这其间还有一件事，是我母亲跟我说的，这么几年了，她每次去老一那磨面碾米打饲料，老一从没收过钱，你硬扔给他，他就再硬扔给你。累积下来，虽然也不是多了不起的数目，但情义不能不讲。我说那就六百吧，反正他也不会再生一个儿子了。眼下他不是快被罚得倾家荡产了吗，也不说帮他，就算替家里还一下情吧。我不在家，妻子自然不会喝他喜酒的，她得接着赶回来照顾儿子。结果我们非但没省了他的酒菜，反叫他额外破费了一下，等我出差回来，他专门坐了二壶的车赶到濮阳，死活要补一顿喜酒。来时，二壶捎了一袋子小米，老一捎了一袋子绿豆，还有辣椒、红薯、花生、红枣、香油什么的，以及几只正经散养的土鸡，别说我，连我妻子都有些过意不去，忙不迭地弄饭炒菜，直说他俩太客气了。

这喜酒不能不喝，二壶兴冲冲举着酒杯说，老一喜得贵子，我打心眼里高兴。他狗日的老车不是有三个儿子吗，我们也后继有人，我们兄弟三个的儿子加起来，不比他多，但也不比他少了。

就是就是。老一也举起酒杯，很响亮地碰了一下我的杯子说，你今天不能喝也得喝两杯，我们至少还比他狗日的多几个闺女。下辈子再打起架来，咱还有助阵声援的哩。

故人在一起自然要说到故事，说到怎么绕也绕不过去的老车。其实老车就像个庞然大物一样地矗在那，你绕过去，才真叫不敢直面现实哩。有些事你就是一点法没有，老车就是命好。跟老一的媳妇一样，他媳妇也生了四胎，但除了第一个是女儿，接下来就全是儿子了。好像生儿子也会遗传，要是没有计划生育一说，看那势头，他能跟他爹一样生一串儿子。当然，三个儿子只是摆到桌面上的，是他跟他老家的媳妇生的，至于他包养的二奶三奶有没有生儿子，又生了多少儿子，大家不得而知。再者，同样生一堆孩子，老车不费吹灰之力，他两个则伤筋动骨，其间的悬殊，尤其不好说清楚。

还有一个喜事你不知道，二壶的情绪依然高亢着，笑嘻嘻地给我倒上酒说，你先喝了这一杯，我再跟你说。

再喝一杯，老一很响亮地碰了一下我的杯子说，再喝一杯，正经是喜酒哩。

我一端起杯来，二壶就迫不及待地说，不跟你说我也憋不住了，老车的鸡巴玩意儿不管用了。

他正好倒霉倒在我们兄弟添丁加口的当儿，老一也飞快地补充说，这才真叫双喜临门哩。

这个意外的消息让二壶、老一格外扬眉吐气。两个人先我干了杯，各自续满，一仰脖又全都干了。我叫他俩一杯一杯的开怀畅饮逗笑了，记起老车那个被电击得走了形又短了大半拉龟头的玩意儿，敢情注入他身上的毕竟不是荷尔蒙激素，而是电流，多少年后终于发作了。我并不觉得多大快人心，但也委实有点好笑，想了想说，他本来就短了一截子，这些年又纵欲无度，寅吃卯粮亏空了，也算正常的生理现象。

两个人直笑我太土，笑得酒都洒出来了。那都哪年的老皇历了，二壶把酒喝了，一抹嘴说，人家早去广州请外国专家做了高科技手术了。

这我就有点吃惊了，我只听说过江湖游医鼓吹的可以增长增粗的神药，但那玩意儿损坏了也能修复如初，还真没听说过，难不成还能把别人的切下来安到他上头去？老一也笑我，说我在城里混这么多年，真是白混了。

根本不是修复，他说，而是加长加粗了老多，跟他妈外国人的一样，跟驴的一样。

两个人一边喝酒一边说，一边说还一边比画，说都亲眼见过，他给我们显摆哩。

也只能显显摆。人工的终归不是天生的，再长再粗也没用，据说刚开始那阵儿勇猛无敌，一夜能放倒一片，跟金属做的棍子一样，一两年后就疲沓了，还痒，还疼，仿佛多了条累赘的尾巴，又不能真像尾巴一样安到腚上，只好天天夹着。可怜老车在生意场上攻城略地，所向披靡，还从没栽过这么大的跟头，光手术费就是一个天价的数。手术之初，原本讲好信誉三包，一年包退三年包换终生包修的，结果可能是遇到了一伙冒牌的洋鬼子，老车拉着一干人挥师南伐到广州的时候，别说找不到人，连那个写字楼也几易其主，早变成一个聋哑人聚集的特殊学校了。尽管老车准备充分，带去的一伙人里不光有打手，还有几个会说标准粤语、英语、普通话的精英分子，甚至有巧舌如簧的律师，却没一个懂手语的，人家越比画他越找不到北，只好咋着夹着尾巴去的，就还咋着夹着回来了。

那天我们都看到那帮乌合之众了，二壶、老一特别过瘾地一唱一和着说，跟当初雄赳赳地出征比起来，回来时可真像一伙不战而败的流寇。妈妈的，他狗日的可把老子给害惨了，不承想老天有眼，他王八蛋也有灰溜溜的时候，你没看见他那熊样，就跟我们俩那年从监狱回来时的熊样儿一样。

说着说着，两个人还拖腔拖调地唱了起来："……踏着沉重的脚步，归乡路是那么的漫长……"

原本是说笑着玩的，不知触着了哪根神经，二壶唱出一脸的泪水，老一也唱哑了喉咙；唱得我鼻尖跟着酸酸的，除了一一给他们递支烟，一时也不知说什么好。《故乡的云》同样是盘桓在我心底的一支老歌，每次回家，它忧伤而苍凉的旋律必然要在我耳边回响。每当唱到"我曾经豪情万丈，归来却空空的行囊"那儿，我会泪流满面，会泣不成声，会孩子似的蹲到路边，埋下头来撇嘴大哭。我知道两个人都喝多了，想自己也很可能喝多了，要不也不至于给两个儿时的伙伴没头没脑地说，都过去了，不难过了，我给大家背首诗吧。就背了海子的《答复》：

麦地
神秘的质问者啊
当我痛苦地站在你的面前
你不能说我一无所有
你不能说我两手空空

我已多年没背过诗了，二壶、老一更是多年没听过我背诗了，他们的生活也离诗越来越远了。但在那一刻，我情愿用一首诗表达我内心的虚无主义，自己务虚了这么多年不算，还要给他们也务一务虚。我看见他们都不喝酒也不说话了，一任泪水擦了又流，擦了又流。三个人到中年的男子，在那一天形同三个脆弱的小儿，彼此同病相怜，手足相抵，默默地传递着一份久违的谅解、鞭策、信心和勇气。我愿意相信，即便故乡不承认我们，即便故乡的云也不能抚平我们心头的伤痕，那也不用怕，岁月迟早会叫我们每一个人都成长起来的，岁月给予我们的，永远比我们看到的要多。

指导我走向写诗之路的发蒙老师泰戈尔说过，天空中没有留下我的影子，但是我已经飞过。

我不知老车找单小双费没费周折，费了多少周折。时值2001年冬天，单小双已从教学一线转到可有可无的后勤岗位上，刚刚结束守活寡的日子，植物人一样在床上瘫了多年的宋学年不辞而别，终于使她变成了一个名副其实的寡妇。是一个下午，单小双在学校里多耽搁了会儿，她想从石悄悄手里再支点钱。墙倒众人推，镇上的几个药店门诊部商量好了似的，都不肯再赊药给她了。宋学年虽然终日躺在床上，但胃口并没有因此减小。他下午睡了一觉，醒来饥渴难耐，噼里啪啦地拍了一阵子床帮不见单小双回应，又叽里咕噜地乱叫了几声也不见回应，就自己爬下床来找吃的喝的。他高估了自己的能力，早就失灵的手臂根本支撑不住巨大而笨重的身躯，还没找好落脚点，整个人便重重地滚到了水泥地上，仰面朝天。宋学年的疼痛感业已丧失，尽管摔得头昏脑涨的，却没当回事儿，仍然艰难而执著地向厨房进发，仿佛在仰泳。他看不见厨房里是否有现成的食物，但知道那里有一个碗橱，他一点点地挪移，好不容易才挪移到了碗橱跟前，欲伸手摸索到点什么，却举了半天也没把手举起来，不知怎么一拱，就把一人高的碗橱给拱翻了。碗橱里不光有吃的喝的，还有锅碗瓢盆，有瓶瓶罐罐，有炒菜的铲子和切菜的刀，稀里哗啦中，一股脑地倒扣到他身上，还有一只煮熟的青皮咸鸭蛋，弹着跳着弹跳到他嘴里去了。宋学年是因为饥饿才到这儿来的，此刻却嚼不动也咽不下，不是因为鸭蛋连皮带壳，而是砸在他身上的碗橱固定了他的嘴巴和面部神经。有一句俗语说，煮熟的鸭子又飞了，想来还是因为有翅膀，这个油渍汪汪的青皮咸鸭蛋飞不走，它活生生地卡住了宋学年的咽喉。等单小双好歹从石悄悄手里支了点钱，又绕道药店给他买了几服药来，他已浑身乌青，一点儿气息都没了。

　　宋学年是走了，但为他看病欠下的巨额债务还在，单小双真恨不得跟他一块儿走了。安葬了宋学年，单小双做的第一件事是把儿子从公婆家接来，第二件事是从农中买断教龄。严峻的现实给了她直面生活的勇气，她好像直到这时才发现，单靠学校的那一点收入，她就是不吃不喝干到老，也不见得就能把那一笔一笔的债务还清了，把一对龙凤胎儿女给养大了。买断教龄的几万元钱使她清还了一部分账目，但还有数万元的债务压在头上，母子三人的生活仍然过得捉襟见肘，人前人后都抬不起头。其间，她熬制过糖葫芦，卖过凉皮，还误入歧途地传销过一种化妆品，有时能赚点儿小钱，但亏本的时候也不是没有，根本打发不完次第登门的债主。人走茶凉，到哪儿都是颠扑不破的真理，大家好像都知道她是不可能守寡守到老的，万一她哪天远嫁他乡，还不得连本带息地给亏了。或者目的已不止在于要账，有些债主就旁敲侧击地劝她活络些，只要她放开，别说利息不用长，本钱也可以缓一缓，甚至可以不计较。

　　老车就是在这个背景下出现在单小双生活中的，来一个债主，他清一份账，再来一个债主，他再清一份账，出手之阔绰，远非当年那个单纯的护花使者能比，简直就是一个神。直到把最后一个债主也送走，老车才把一把钥匙掏出来说，好了，也该轻松轻松了，你带着孩子去濮阳生活吧，也好叫他俩受一点好的教育。那一刻，我不知单小双心里经过了怎样的斗争，我看到的结果是，她默默地接受了老车给她安排的生活。

在带一双儿女走时，单小双还默默地接受了公婆安排给她的另一种生活。你去外面打工，婆婆说，还不知多不容易，先带小孙女走吧，留下孙子，我们帮你养活。这自然是摆到桌面上的理由，桌下面的理由不言而喻，孙子是他们宋家的根，不能跟孙女一样带走。至于他们最终没能把根留住，让孙子在9岁大的时候死于一次惊马踩踏事故，则是另外一回事了。

在濮阳，据说老车也有好几处房产。也不止濮阳，据说几个邻近的城市，乃至位于海滨的青岛大连和远在人间天堂的苏杭，老车也都有房产，这是他生财有道的另一个产业，而且注定是稳赚不赔的投资项目。这些年，几乎没有比炒房更炙手可热的生意了，老车的集团公司里，也就应运而生了一个专门的地产经营部。有些房子就空在那里等待升值，但更多的，会住上他即兴找来的情妇。她们不一定比单小双漂亮，但基本上都比单小双年轻，遛狗，打麻将，涂眉画眼，是她们基本的生活内容。单小双跟她们格格不入，但也认了，只要孩子能受到好一点的教育，只要不再被债主追得躲无处躲，藏无处藏，她情愿这样终了一生。

吊诡的是，成天游走在女人堆里并在女人堆里迅速成长起来的老车，味觉越来越刁钻，胃口越来越娇贵。打个不贴切的比方，老车就像一条见多识广的狗，早过了撒着欢儿胡乱咬人的阶段，能叫他懒洋洋地溜一眼的事物已世所罕见，他谁都不屑于咬了。也有人给他说过他还可以再去别处另做一回手术的，也不必非要弄得跟欧洲人的一样，亚洲人的正常尺度就好。老车已不在乎长短，更不在乎巨额的花费，而是不敢再拿这个命根子搞实验了。他原指望单小双能凭着生理上的优势唤起他久违的激情，让他重新振作一把，不期时过境迁，人是物非，他梦寐以求多少年的乳房居然没了一点梦中的模样。那对大小不一的乳房关系着他对这个世界最初的认知，他曾一言以蔽之地跟我们说，天下没有两片相同的树叶，奶子也一样。

老车的伤感是显而易见的，而单小双的态度是讳莫如深的，她一口咬定老车彼时看花眼了，它们从一开始就一样大，根本不像某些人妄猜的那样。这成了一个无解的谜，老车无从求证。单小双好几次给老车说，你放我走吧，这样的福分我享受不了。如果换个人，不用她提出来，老车也早赶她走了，他现在最不缺的就是女人了，哪还轮到她给他摆谱。他没有赶她走，除了念一点旧情，大约还想改造改造她吧。

其实也没什么，他不止一次跟她说，人本来就是一种群居的动物。

那夜在宾馆，单小双大致跟我说了说她和老车的事。我知道，老车本来就是个时有惊人之语的家伙，怪话连篇，好为人师，后来一发迹，就尤有指点江山的资本了，逮住谁就给谁上课，逮住谁就意欲培养谁，此番又给自己的老师也卖弄起他那套车氏哲学来了。但他怎么冒出"人本来就是一种群居的动物"这等貌似精辟的鬼理论来的，还是很挑战我的想象力。听到这儿我终于忍不住乐了，扑哧一声笑了出来，有点坏，也有点没心没肺，忘了单小双还在一旁如泣如诉着，结果惹得她敏感，分外沧桑地瞥了我一眼说，是不是很好笑？

是，我依然嬉笑着说，你不觉得？

我也觉得好笑啊，单小双显然误会了我的意思，更加沧桑地说，是叫人看不起啊，一个老师，却跟了一个学生，又跟了一个学生。

又说，我是不是那种很贱很贱的女人？

你说什么啊，我叫单小双这个措手不及的问题搞蒙了，真是一点也不敢笑了，胡乱打断她说，什么老师学生的，那都哪年的事了啊。

可是我，单小双凄楚地说，我觉得罪过。要是不喝这么多酒，我不知道自己还有没有勇气。我装醉勾引你了，是不是？

小双，我说，单小双，我不许你再这么说。就是检讨错误也轮不到你，你毕竟喝多酒了，而我一直清醒着，按你的逻辑，我这不是乘人之危了？

我还是很难过，单小双兀自摇着头说，真的，我心里很难过。

我要你看着我，我扳过单小双的脸说，我想你得好好看着我。

你只记着了那些不该记着的，我忽然那么想表白，那么想把积压在胸口的块垒都倒出来，把她的脸扳过来了还不算，又捧起来说，怎么一点都没记住那些该记住的？难道你忘了，早在20年前，我们就雪夜同宿过？难道你宁愿意相信，我们只是在苟且，彼此之间没一点基础？单小双，我可以看着你说我是爱你的，我也要你看着我跟我说爱我。

单小双终于伏到我肩头哭起来了。

我说过，岁月会把一切固有的秩序打乱，甚至可以颠覆铁定的师生关系，此刻她在我肩头，哭得哽哽咽咽的，一任双泪长流中，多么像一个无助又委屈的孩子！我所深感冒失的是，当她自觉有违师道尊严而无颜面对一个昔日的学生的时候，我怎么还有脸雄赳赳地胡说一通，那样指名道姓地责难一个寄人篱下的恩师？我言之凿凿地说爱她，可我真的爱她吗？我为她做过什么？诚如她当初仗着酒意所怪罪的，不知道她在濮阳也便罢了，知道了却一次也没找过她，还算是个人吗？难道我的良心真叫狗吃了，连一点良知也没有了吗？还好的是，她总算没像白梦娣那样质问我，我爱你什么？

单小双没有质问我，她还沉浸在她自己的忧伤里，有点吐字不清地说，你刚才皮笑肉不笑的，很坏，也很流气，还以为你是看我笑话哩。

怎么会，我懊悔不迭地检讨说，我只是觉得老车那家伙的奇谈怪论好笑哩。

他好笑，单小双抹了抹泪说，我也好笑啊。这些年我是怎么过来的，我说了你都不会信。

在后来的日子里，我会经常想起这一夜。如果没有这一夜，我不知道自己什么时候才能真正走进单小双的内心，了解她数年如一日的孤苦生活，这个红颜薄命的女人，实在受伤太多又太深了。她跟宋学年的婚姻等于守活寡，跟老车以后则雪上加霜，又成活守寡了。开始那几年，她的活动区域是受限制的，出入都有暗探尾随。因见她心灰如死，除了接送孩子上下学，再在附近几个商场超市买点日常用品，没跟可疑人员交往的迹象，连倾向也没有，老车才慢慢放松了戒备。她后来得以满大街地给城市的绿地义务施肥，与其说是有意识地尿以致用，不如说是一种本能的放纵，一个被软禁了多年的犯人终于可以自己给自己放一放风了啊。

我很感激那些草木，单小双说，是它们让我没有崩溃。

我甚至还很感谢一个傻子。她又说，有一天，我在街头看见他，衣不遮体不用说了，还浑身上下脏兮兮的，跟刚从煤灰里爬出来的一样。他一边斜躺在马路牙子上晒太阳，一边旁若无人地把玩他自己那个昂头朝天的玩意儿。他既然衣不遮体，恐怕还会食不果腹吧，一个又衣食不保又智障的人都有那需求，何况我一个正常的女人。这些年，我就是这么过来的，恨不得把一个流浪街头的傻子拉到家来，而且感觉上就像真的跟他经历了一次性事。

单小双说着，我听着，她慢慢平静下来，倒是我心酸得要哭。我不知老车是否会有如愿以偿的成就感，他终于把一个为人师表的知识女性改造得人不人鬼不鬼了。我强忍着不让自己哭出声，但泪还是没忍住，一颗一颗地流到她怀里，流到她胸脯上。我要撩水冲了去，她没让，只凝望着兀立在乳房上的一颗泪珠，思忖了好一会儿才这样问我，不一样大的，真就比一样大的好吗？

他那不是变态吗，我揣摩着单小双的意思，想她是受冷落了，抱了抱她说，看你还当真。

我虽然抱着她，水也还热，可单小双还是怕冷似的缩起了肩膀，把头埋到我怀里说，正因为他变态，我才害怕担心啊。

我好怕啊。她又说。

不想恁多了，从那夜到这夜，不仅横着二十年的光阴，堆积在彼此之间的隔膜也太多太厚了，以至于我们交流起来分外困难，不是文不对题，就是答非所问，我不知她已另有所指，更不知她这些年是怎么担惊受怕过来的，只是又徒劳地抱了抱她说，不怕了，现在不是有我了吗？

你又能陪我多久呢，单小双梦呓一样喃喃出声说，还不是天不亮就要走，跟梦一样。

是真跟梦一样。她话未落地，里面房间就传来嗡嗡的手机震动声。我一惊，单小双也一惊，因为我们两个的手机铃声都设置在震动状态，一时不知是谁的。单小双咕哝了句说，真扫兴，不管它。我仔细听了听，感觉是我的，它刚才就嗡嗡了好几回了，嗡嗡得我心惊胆战，想想还是丢下她，扯了条浴巾跳出浴缸。她又扯了我一下说，要是我的，就不管它。

地板上有积水，我不小心跌了一下。还好，是我的手机在呼叫，可刚拿到手里，那边已挂断了。凑到灯影里一看，好家伙，竟有十几个未接电话，多是妻子分别用手机和家里的座机打来的。有一些我根本没听到，有一些听到了却顾不上接，或者想稍停打过去，但一稍停就忘了。正想着再怎么跟她扯个谎，手机又因为有电话打进而颤抖起来，只是电池已弱，迅速变暗的屏幕忽闪了几下，就彻底黑下来，自行关机了。尽管房间里有电话，单小双的手机也还有电，却一个都不敢用，再着急也不能送人把柄吧。我原本还想跟单小双多说说话，等她情绪平静一些了再退房，看看时间已凌晨三点，再缠绵下去天怕要亮了，忙草草擦了下身子，匆匆穿衣服。这时，裹着一条浴巾的单小双从卫生间里出来了，也不说话，只是幽幽地望着我，默默地挡住门口的出路。她的头发还滴着水珠，脸上也是，在热气氤氲的灯影里，幽怨，哀伤，甚至还有那么点儿愤怒。她的胸脯起伏得厉害，我险些就听到了她的心在怦怦地跳动。我搪塞地笑了笑，想临别抱她一下，她还是一言不发，但也不允许我溜掉，左阻右挡中，那条浴巾从她冒着热气的身上脱落下来。我知道一时半会儿脱不了身，就又把她抱到了床上。

在床上，我不小心睡了过去，单小双也是，一阵紧似一阵的手机嗡嗡声也没能惊醒我们。手机在床头柜上连蹦带跳的，径直滑行到边缘，又拖泥带水地弄掉我搁在一角的眼镜、钥匙、打火机，滑落到我脸上，我才在睡意正酣中睁开眼睛。我胡乱扒拉了一阵，随手抓住一个手机，是单小双的。我试着从她颈下抽出另一条胳臂，一边把手机搁到她耳边，一边按下接听键。单小双先是睡眼迷离地跟我笑了笑，没等笑容完全绽放，就猝然僵硬了表情，条件反射地挂断了电话。等它再一次嗡嗡地响起来，她脸现惊惧之色，像扔烤红薯一样地把它扔到床的另一头，并用被子蒙上了它。

该死，她捂着胸口说，我睡了多久？

我迷糊着说，我没留意，我也睡着了。

她不放心地说，我睡着的时候，你没有接这个电话吧？

没有。我摇了摇头说，我记得我没有。

单小双长吁一口气说，还好你没接，是他打来的。

我这才知道这个手机就是那种可以视频的3G手机，是老车专门给单小双配置的。当然，他所有的小三小四也都人手一部这样的手机，不许关机，也不许以任何理由不接他随时随地打来的电话。单小双要想跟他说清楚这次意外，不知要费多少唇舌。我是有点莽撞，但幸好没接，在接通的一刹那，他老人家有没有看见我在单小双身边？要是他看见我们两个人这样躺在一张床上，头碰着头，四肢缠着四肢，仿佛两股旋在一处的水流，会不会暴跳如雷，恼羞成怒，即刻着人把我和单小双双双灭了？单小双曲着双腿坐在床上，目光呆呆的，眨眼间就六神无主了。

不用怕，我抱了抱她说，我们在一起呢。

我那话很虚，底气不足，我的危险已不止来自老车，我到底一夜没有归宿，妻子问起来，我又该怎样跟她交代呢？不知是为了给自己壮胆，还是要确认一下时间，我试着拉开了窗帘。一个晴朗明媚的早晨扑面而来，晨曦冉冉中云蒸霞蔚，红彤彤的远天已做好日出东方的准备。窗外有一排高高大大的合欢树，黄红橙紫的叶子相间，仿佛一树树燃烧的火焰。树下是一所汽车驾驶学校的场地，停着几辆教练车，有鸽子在花草间啄食，有挥剑舞扇的人在晨练，水泥砌成的道路深处，还有人在吊嗓子，有人在拉小提琴。我一时不能确定这家宾馆的具体方位，但毕竟是在自己工作生活的城市里，难不成要被一个破电话吓丢了魂儿？外面的一派吉祥平和，委实使我的心踏实了下来，也鼓舞了我的斗志，甚至萌生了有时间也该学学车的念头。这时房间里光影流动，灿烂缤纷，我转脸看见单小双满身朝霞，仿佛镀了一层金色，或者涂了一层蜂蜜，又见手机在被子下面再一次颤抖不已，有如咆哮，她终于要穿上衣服找个地方去接电话，我不知哪来一股挑衅的劲儿，就像那句混账话说的，一时恨从心头起，恶向胆边生，索性一不做二不休，在老车不停的呼叫声中，很突兀地挡住了单小双的去路，一如她当初挡住我的去路一样。单小双不置可否地怔了怔，接着就有些苍茫有些俏皮地笑了，你，她刮了一下我的鼻头说，不要命了？

我说是，不要命了。

单小双说好，要是不要命那就都不要了吧。

两个不要命的人一拍即合，径直把该死的手机蹬到床底下，把聒噪的呼叫抛到九霄云外。在一往无前的潮汐声中，所有的杂音都太微不足道了。

单小双执意送了我一程，说这样快些，因为出来宾馆，再打车去昨天的咖啡厅取出车子，已是六点多钟了。天一亮跟天不亮的感觉真不一样，所以有一个专门的成语，真相大白。行至小区门口，我刚从她车子里钻出来，一回头看见儿子正好背着书包走出大门。我有点后悔没听单小双的话，让她直接送到楼底下了，那样睁一只眼闭一只眼从儿子身边驶过，虽不见得是上策，总比眼下撞个正着好。小家伙今年开始读初中了，个头一天一个样，眼看着就高过我了，俨然一个英俊少年。我曾经是儿子的骄傲，但此一时彼一时，他现在只崇拜福尔摩斯，只喜欢看哈利·波特。他暑假里还跟我说，要是真有福尔摩斯其人的话，他千里万里也得跟他去见一面。我很遗憾我成长的岁月里没遇到福尔摩斯，也很遗憾自己至今没写过一本适宜孩子阅读的书，只能眼睁睁地看着肥水外流，明明是自己家的小读者，却舍近求远，言必称英美。我没话找话地问儿子今天怎么起这么早，是不是学校改时间了。又临时编排说，这位单阿姨是爸爸小时候的老师，凑巧碰上了，顺路送了我一段。来，跟单阿姨认识一下。

儿子自然有些意外，狐疑地看看我，又看看车里的单小双，很矜持地问了声单阿姨好。倒是单小双有些惊喜，哟了声从车里走下来说，儿子上几年级了，都比爸爸高了，真是一个小帅哥。

单小双还没见过我儿子，看上去大约想抱一抱他，但儿子虽然还小，刚12岁，个头毕竟已到了不愿意被人随便抱的高度了。儿子有些扭捏地笑了笑，一转回身，就像个小大人一样给我板起脸来了。

你昨天晚上去哪了，他小声但却十分严肃地说，害得妈妈到处找不到你。

不是跟妈妈说了吗，我讪笑了一下说，单位临时加班哩。

儿子看福尔摩斯看多了，目光刁钻，明察秋毫，根本信不过我的口实，也不看我，只望着马路斜对面的公交车站牌说，手机不通，办公室电话也没人接，谁知你加什么班去了。妈妈找不到你，只好一个人去看姥姥了。

我吓了一跳，忙问他妈妈什么时候走的，是不是姥姥病又重了？那你吃饭了没，我给你点钱吧。

我不用，儿子兀自摇摇头说，妈妈给过我坐车吃饭的钱了。你有钱就给姥姥送去吧，她不是病重，是病危了。

这情况在单小双也有些意外，稍稍愣怔了一下，就扭身拉开车门，从车里拿过包来，又从包里掏出一沓钱来。我知道病人花钱多，她说，何况又到了病危的时候。可我就随身带了这些，可能有两千，你先拿去用吧。

你别这样。我没想到单小双会拿钱，躲闪了下没接，支吾着说，我一会问问情况，再说家里也不是没钱，你还是办你的事去吧。

　　怎么了，单小双凝起眉头说，我的钱就不能用？

　　单小双凝眉的时候总是有一股冷气，这下又不小心戳到她痛处，她没准要疑心我是嫌她的钱不干净了，忙说，不是说了吗，家里并不是一点钱没有。

　　这时，单小双就不仅冷，还有了一股怒意，她虽然没说，但我感觉到了，因为儿子在场，她没再跟我僵持，勉强笑了笑，径自把钱撂到我怀里说，这钱你要是用不着了就再还我，眼下还是先给老人看病当紧吧。说着丢下我，一转身拉住我儿子的手说，来，儿子，告诉阿姨你在哪个学校，是不是在等车？不用等了，阿姨送送你这个小帅哥。儿子想必也喜欢人家夸他帅，又因为他命悬一线的姥姥可能因为这笔钱转危为安，他丧失了福尔摩斯随时保持着的高度警觉，稍微腼腆了下，就跟着她钻到车子里去了。

　　一个人回到空荡荡的家，我有些颓败，也有些怅然，仿佛一夜销魂耗尽的不仅仅是自己的心力，还一并把一个好端端的家也给赔进去了。这是一个不太好的感觉，扯淡、牵强，还宿命。我摇摇头，努力不让自己这么想，一边给手机更换了电池。刚想给妻子拨电话，问问她是否已到了聊城，老人病情怎样了，手机自己先接二连三地嗡嗡起来，短信提示有几个未接电话，并有一个陌生的手机号码打进来。我一接，那头一个嗓门挺大的声音说，好家伙，你还知道开机啊。

　　我很讨厌那些打来电话又不自报家门的家伙，躲在声音后头装老熟人。所以我觉得这个人有些装，警惕着说，刚才没电了。

　　你的毛病也不全是有电没电，他比刚才更熟络地说，是不是又没听出来我是谁?

我差不多快听出他是谁了,他那个"又"字已提供了相应的信息,但我不想叫他太有优越感了,模棱着语气说,你是?我想想。

你想吧,他果然有点没趣,发狠着说,我今天非看看你能想起来不。

我说,怎么有一股歪风邪气吹来,难不成又是老妖大驾光临?

我见这家伙没完没了,不想再跟他磨嘴皮子,直接兜了底。我们在农中的时候常这么说他,跟戏剧道白似的,文诌起来,会把"吹来"改成"甚嚣尘上"。他一听哈哈大笑说,还是这话听着顺耳,跟一二十年前一样。不过,他又说,也不能总是老妖长老妖短的了,儿女都快婚嫁了哩。我想也是,毕竟都奔四快奔到头的人了,可他仍不切正题,还在我耳边聒噪着打哈哈说,你昨天夜里怎么回事,不是不接电话,就是关机,不是跟谁偷情去了吧?

我想吃一惊,但实在连吃惊的兴趣也没有,堵住他的话头说,找我有事?

没事就不能找你?他依然妖里妖气地说,你跟咱老同学交个底,你现在有几个相好的?你可别忙不过来了还硬撑,咱兄弟随时可以提枪助阵。你看你,还跟我掖着藏着不是,还要硬撑着不是?那我跟你说个越硬撑越疲软的例子吧,估计你还不知道。

我说老妖,你看看时间,没啥事我先去上班了,回头我打给你,咱们好好聊。

别别别,他说,这回还真有事,车总专门交代我找的你,老黄要结婚哩。

这次我想不吃惊也办不到了,怔了怔说,你说谁?

跟我说爱我

164

老黄啊，他加重了语气，重得我不得不把手机拿远一些，他的声音果然小了许多，絮絮叨叨地说，咱同学里面到现在还没结婚的，除了老黄还有谁？她不是老给车总托梦吗，说她一个人怪孤单的，正好车总厂子里刚炸死了一个小伙子——炸得还真惨，都找不全胳臂腿儿——比老黄还小半岁，刚十七。车总准备成全了他们，毕竟同学一场哩。合墓的葬礼，不，婚礼安排在大后天，也就是八月十五中秋节那天，同时咱农中同学聚一聚。毕业十八年了吧，也该聚一聚了。车总怕你外出，才叫我提前通知你，其实他也找过你，要跟你商量一下的，你看看你手机上有他的号没？他叫你写点悼词一类的玩意儿，并给他们主持婚礼。

　　我越听越不耐烦起来，想老车再富也犯不着这样烧钱，搅扰一个亡人的安宁啊，就说老妖你少扯点淡吧，这种破事我去瞎掺和什么。

　　我扯什么淡了，老妖在那头叫起来说，车总都认可的，你是咱们班唯一的笔杆子，你不写悼词谁写？你还是班长，你不主持婚礼谁主持？而且车总说了，写有润笔费，主持有出场费，要是把活做漂亮了，他一高兴还不敢扔给你两捆人民币？没准都敢给你两捆美元哩。

　　他不车总长车总短的还好，他一言必称车总，我是真按捺不住了，把拿远的手机拿到嘴边说，老妖你跟老车说吧，一我不会写那个什么词，二我不会主持那个什么仪式，而且我把一堆私活都放到假期里了，十五那天也确实有事，你们爱怎么折腾就怎么折腾吧，我觉得黄蒜薹要是地下有知，不见得就稀罕一个尸骨不齐的家伙。好了，有同事在楼下叫我呢，我先走了。

　　我试图绕过中秋节，不回家看望母亲了，直接去聊城，在那儿住几天，陪陪来日无多的岳母。那个下午忙完手头上的事，寻思着是不是给单小双说一声，走前再见个面。打电话问她忙不忙，她说也没忙什么，正在街上一个彩扩馆里转移相机里库存的照片，好腾出磁盘空间给女儿用。女儿和几个同学约好了，说平常功课再紧，也得在这个第一次被确定为法定节假日的小长假里好好放松一下，要去几个景区里玩玩，其中还说到了一个正在我们报纸副刊上搞摄影比赛活动的景区。我一下子乐了，觉得可逮住个给单小双献殷勤的机会了，忙不迭地说，看你，也不知跟我说一声，你忙完就到我这里来吧。我给你找点儿门票，也不用叫孩子花那个钱了。

好几个孩子呢，单小双在电话那头说，不麻烦你了。

麻烦什么，我兴冲冲地说，一点也不麻烦。要是你顾不上来就别来了，等一会儿我给你送去。

单小双沉吟了下说，那还是我过来吧。

我本来还要让单小双确定一下一共几个孩子，都想去哪些地方，后来想到濮阳景点也不多，能找到的门票，索性全找给她好了。放下电话，我一边盘算还有哪些好玩的地方，一边翻箱倒柜地找门票，又从别的同事那里找来些，市县的都有，满够用了。

一会单小双来到楼底下，我屁颠屁颠地跑过去，心情好得没法说，仿佛小时候母亲不小心把一根又小又细的光腔针丢了，正急得团团转呢，我一眼给她从满是线头棉絮的地上找出来了一样。单小双看见那堆花花绿绿的门票有些吃惊，这么多，她说，用不了的，给你再留下一些吧。

用不着。我终于为她做了一件事，高兴劲一时半会儿过不去，其间的况味，还是像小时候给母亲拣到了那根针一样，针虽小，但成就感大哩，就大大咧咧地说，这些门票，多是他们送稿时顺带送来的，或是作为广告费抵押给报社，报社作为福利发给员工的，但我们有记者证，根本用不着。

彼时母亲会夸我，到底是小孩子的眼最尖，不想单小双也这么夸了我一下，报社还真是个好单位，她一边收起门票一边说，你能来这里工作，到底是比你那些同学出息多了。

我真是小有成就感啊，工作再琐碎，也愿意叫人家说单位好啊。她当初把我放出来，我虽然没能走多远，但毕竟周游过列国了，而今落脚的地方也算出了省，得到她的认可了，忍不住又给她显摆说，不光景点的门票，以后文化宫来了好电影好歌手什么的，不管你想看，还是孩子想看，你都跟我说一声，再贵的门票，也不过打个电话的事，举手之劳。

单小双也笑了，又问我过节怎么安排的，回不回老家。我见街上人来人往的，虽然在车上，也不是说话的地方，想起那个位于一所驾校旁边的宾馆，想起自己曾萌生过报名学车的念头，就说你要是没别的事，就拉着我兜兜风吧，也好教教我怎么开车。

车子很快驶出郊外，单小双手把手教我学开了一会车。途经一片防风林带，看见层林尽染，如火如荼，就在那里下了车。秋草摇曳，秋阳斑驳，我们席地而坐，看云朵从天际一片片飘散。不论置身何时何地，故人聚首，总是摆脱了背景里的故事，我果然听到一个悠远而又沉郁的声音在耳边说，我知道我也没教你们几天，但我没有一天忘记你们是我的学生。你是，他也是，二壶、老一是，白梦娣、黄蒜薹也是。就不说那几个人了，只说他吧。他的固执让我产生一个错觉，以为事情真像他说的那样，因为一直没得到我，才包养了一个又一个女人。有一些，说成女人都不合适，还是孩子，是学生。我一个被淘汰下来的老师，一个

167

一无长处的寡妇，如果能好歹使他收收心，少祸害一些嫩得一掐一股水的女孩儿，就算颠倒了早已名存实亡的师生关系，当个丫鬟一样地侍奉他，又有什么大不了呢？我怎能料到他要的不是我这个人，而是一对畸形的乳房呢？结果就像你看到的，我非但没能影响他，反叫他没完没了地晾起来，我怎么就成了个如此多余的人，一次一次被撂荒，还荒唐到要拿另一个学生救命救荒呢？

听到单小双这样自责，我内心比她更加羞愧。我知道，我介入单小双的生活才刚刚开始，真正救她于水深火热的，不是我，而是那些不起眼的草木。

开头那几年，特别是儿子猝死那阵子，女儿上学一走，空荡荡的房间剩下单小双形影相吊的一个人，她会想起自己不明不白的身世，想起自己苟安一隅的人生，多少次把刀片搁到腕上，把安眠药攥到手上，只须轻轻一划，一仰脖闭上眼睛，她就能把一切结束。有那么几天，她所在的那个住宅区因故停水，弄得饮水困难不说，还没法洗衣洗菜淘米刷碗，甚至没法如厕。楼下绿地上的花草，顷刻间也无精打采起来。虽然送水车把生活用水运到了小区，但等她气喘吁吁地提回家一桶，不顾得歇口气，跑下来欲再装一桶时，送水车不是已走，就是得重新排队，好容易快排到头了，水龙头的水已变成依稀的线流，终止于无。每当目送着水车走远，或者翘首以待着水车开来，她会想起电视上那个深刻而形象的公益广告，地球上的最后一滴水，是人类的眼泪。

单小双一下子热泪盈眶，并在泪眼迷蒙中坚定了活下去的勇气。也就是从那个没法在家里如厕的时候起，她似乎找到了存在的意义，打定主意要把女儿送到大学再死，把城市里能亲近的草木都亲近一遍再死。一个女人卑微如她，即便被包养又被撂荒了，也不能没一点作为，她依然是孩子的母亲，依然是这个社会这个自然界的一分子，忍辱负重中，她还可以抚育女儿长大，还可以去滋润一下比她还干渴的土地。实际上，单小双在老车不太限制她的活动区域的时候，也曾去人才市场应聘过工作，但在大学生研究生尚就业吃紧的城市，她一个农校毕业的小中专生哪还有一点儿优势。她就读过的那所农校，早已成为上个世纪的往事，它在1999年就被撤销了，且又人到中年，拖家带口，可供选择的，也只有临时性的钟点工保洁员了。她还真去一个饭店择过菜，老车知悉后，不由分说地把她拽回来，把她狠狠数落了一回。

名义上，他指点着她说，你还是我的老师，所以你少去外面给我丢人。

单小双也觉得没脸见人，出门必戴上一副又大又黑的茶色眼镜。她毕竟学农出身，与草木结缘已久，感情笃定。这个时候，也唯有那些草木，能让她在陌生得有些冰冷的城市里找到部分熟悉的事物，进而心生某种温度。草木们大多来自乡间，单小双几乎能叫出每一种草木的俗名，谙熟每一种草木的嫁接衍生过程，知道它们的前世今生，并对它们一往情深。但是，城里的草木明显不如乡间的茂盛，它们从广袤的原野被移栽到这条条块块的方寸之间，又拘谨又缺少养分，尤其缺少个性。它们被城市修剪得少枝无杈，满身创伤，千木一面的样儿让她心疼，顾影自怜。她觉得那些花草树木像她一样命运不济，像她一样不幸，所以到后来，隐身草木成了她的一个习惯，不光义务施肥，还给它们松土，捉虫子，拣出那些土壤消化吸收不了的垃圾。她叫着它们的昵称，跟它们说话，倾诉，悄悄地耳语，或者什么也不说，只跟它们依偎到一起，默默地交流。在交流中，一个女人跟一群草木惺惺相惜，如此，多少年光阴说没就没了。

还要有多少年光阴说没就没了呢？

单小双说着说着眼又湿了，神情一片迷离飘忽。我把她抱过来，一点一点擦去她腮边的泪水，又一点一点褪去她的裙衫。单小双可能还没这想法，怔了下说，你身体歇过来了吗，停几天吧。我说不。那换个地方吧，她又说，去车上也好啊。我又固执地说不。我想一个人无用如我，除了这点事，我还能为她做什么呢？而如果做爱真能聊慰她数年如一日的清苦，我为什么不能随时随地地累死到这个有恩于我的女人怀里呢？再怎么说，我也比一个流落街头的傻子好一些吧？

彼时秋高气爽，风吹草低，单小双的裙裾扑棱棱起伏。因为光线明亮，我看见了我从前不曾细看的内容。秋天无处不在，单小双小腹上的肌肤明显松弛了，光泽水分渐少，铅华行将洗尽，而那片蓬松紊乱的草，居然有了些许灰白的杂色。我从没想到过那地方也会躲不开风霜，几欲捂住眼睛，又怕单小双难堪，只把猝然受挫的目光虚虚地望向别处，不小心望到她的头发上。迎着阳光，她刚染过的头发还红着，甚至发紫着，但秋风掀起的鬓角那儿，业已有丝丝缕缕的灰白二色若隐若现了。我像是发现了一桩巨大的秘密，吃惊，错愕，由衷地战栗。我在一刹那间瞠目结舌，原谅并接受了所有招摇在街头的各色头发。我开始相信，那些花色各异的头发并不全是为了追求时尚，引领潮流，还有那么一些头发，是出于无奈，是迫于压力，是为了遮掩褪色褪得太快太绝情的青春。单小双偏过头来，想是要再刮一下我的鼻子吧，终于还是没刮，只是有些迟疑地说，很意外是吗？

是很意外，还有一份莫可名状的忧伤，岁月抽去一个女人的红颜也便罢了，干吗还要随意涂鸦啊！我想我已否认不了自己的情绪，机械地点点头，让她重新偏过头去，不要看着我。好半天我们都没说话，旁边有秋虫在叫，有两只蝴蝶在慢慢地飞。我不知自己要干什么，绕来绕去间，还是把手绕到了那片久旱无雨的草丛上。要是你不介意，我狠着心肠说，我能把它们拔了吗？

单小双没说行不行，只是默默地闭上了眼睛。

我试着拔了一棵灰白杂色的草，问单小双疼不疼，她忍住没吭声，我就又拔了一棵灰白杂色的草。我每拔一下，单小双都会微微地抖颤一下，抖颤之间，又有泪滑落她的脸颊。我低估了修剪那片草坪的难度，也没想到眼下已是秋天，我怎么拔都拔不净那些秋色染尽的草。终于拔出了血，拔出了皮肉，我再也下不去手，一个久违的称呼，终于脱口而出——小双老师。

秋色渐浓。在越来越浓的秋色里，我和单小双抱头痛哭。

第十章　了断

翌日八月十五，我和儿子一大早乘车回聊城。岳母是在三年前病倒的，不巧患的也是癌，她的肺出了问题。她这辈子算是跟医院结下了不解之缘，先是给别人看病，后又病给别人看。手术，化疗，电疗，所有的法儿都用了，病情依然一日严重过一日。也许，如果不是有医院中人这个便利条件，她恐怕连三年时光也撑不完。这个曾一巴掌就能把我打个趔趄把我眼镜打碎的老太太，气力不再，几乎连眼睛都睁不开了，一如我当年的父亲，俨然也到了弥留之际。那一刻我心生恍惚，想一个人活在世间，是不是就为了把一个个亲人都送走呢？

妻子共姊妹五个，一男四女，到了下一茬，无疑都是独生子女了。但是，他们的孩子清一色是丫头片子，只有我们的小家伙是个儿子，是他的到来使这一代跟上一代持平了，所以深得老太太疼爱恩宠，视同己出，反过来，小家伙也跟她最近，每年寒暑假里都跑过来。这次中秋放假，虽然才三天，他奶奶也打电话说想他了，他也答应去看奶奶了，而且离得更近些，可一放下电话，他还是催着赶着我陪他看姥姥来了。

儿子出生前半个月，我们还在逃婚的路上，在北京十三陵水库边上的一座房子里，一边避难一边给一个书商炮制长篇畅销书。因为儿子胎位不正，妻子怎么仰卧起坐都调整不过来，医生叫我们做好剖腹产的准备。她分外惧怕，分外想念她当了一辈子产科专家的母亲，背着我去跟老太太通电话。一通上话，老太太就让我们即刻赶回聊城，要给女儿亲自接生，或由她带出来的最好的女医生接生。那时我还以女婿之心度丈母娘之腹，害怕她做手脚，借以拆散我们，还是女儿更了解母亲，横我一眼说，你这人咋这么讨厌？我妈都不跟咱计较了，你倒还抱着包袱不放哩。那时她饱受妊娠和胎位不正之苦，不光肚子挺得大，脾气也不小，只好顺着她来，冒着风险一路护送她到娘家。资深产科专家也没纠正过来我们儿子的胎位，他还是没先钻出头来，只探出几个脚指头。这时候老太太就大显身手了，也不知她是怎么助产的，反正根本没用着启动预备方案，也没叫她那几个高徒帮忙，她亲手把我们的小家伙给提溜出来了，据说比那些顺产的还顺溜。我看见了，是的，我真在门外看见了，她给儿子称重量的时候，比比画画地大声宣布，七斤七两。接下来，她来回拨拉了几下小家伙的小鸡鸡不算，还把他举过头顶，用额头去碰他那个小玩意儿，直碰得喜笑颜开，小屁孩的小玩意儿一翘一翘的，不知是不是也很得意。她也不怕别的子女生气，直夸就这个外孙子乖，给她长脸争气，总算叫姥姥活着看见一个带把儿的宝贝疙瘩了。又一一抱给我妻子的嫂子和姐姐们看，都看看，她说，都看看，白吧，胖吧，俊气吧，是不是看着就叫人喜欢？我老眼昏花看不清了，你们都看看，是不是没一点他爹的孬样儿？

大家面面相觑了一下，哄的一声都笑了。当初要不是她非要拆散我们，谁还会与我们过不去？当嫂子的就隔着门跟我挤了一下眼，从她手里接过去我们的小家伙说，你就是看不清了吗，人家孩子他爹也没多少孬样儿哩。不过，我还是同意你老人家的看法，孩子更好看。

那还用说，我岳母骄傲地说，谁也没我外孙好看。

一笑泯恩仇。时至今日，我依然感激这个尊严而智慧的老人，她不仅给我们难产的儿子平安接生，也一并接受了我。我们在聊城一直住到儿子满月，越发把他养得白白胖胖，长势喜人。一晃十二年了，我们的小家伙出落成一个半大小子了，他一天天长大，她却一天天老去，眼看着就到了撒手人寰的边缘。妻姐妻哥等人都守在跟前，大家一递一声地给老人家说，妈你醒醒啊，你看看是谁来了，你的宝贝疙瘩看你来了啊。也不知过了多久，气若游丝的老人睁开一条眼缝，又睁开一条眼缝，抖擞着手摩挲上她外孙的手，有上句没下句地说，乖孩子，姥姥看见你又长高了啊。然后又闭上眼，半天再说不出一句话来。小家伙哭得泪人似的，埋头到他姥姥枕边泣不成声，姥姥，他说，姥姥你等我长大啊。

这几年岳母卧病床榻，很多名贵稀缺药物不能报销，花费巨大，我们是姊妹当中出钱最少的，当然出力也最少，所以妻子过意不去，来时把存折都拿来了。我自己还真没掖藏多少私房钱，好在刚收到一笔稿费，加上单小双给的，凑了五千，虽不一定能挽回岳母的性命，但总还能应一下急。妻兄近来肯定没少为钱的事挠头，一米八的大个头都有点佝偻了，但见我拿钱还是客气了一下，他当年也在我身上踹过一脚，想想拉我到门外走廊里说，也不是钱不钱的事了，就这十天半月的事了，该准备的后事也准备了。要是借的钱，就还还给人家。

钱拿出来哪有再拿回去的道理，我也没接这个话，因见他们都熬得两眼红红的，或者是哭红的，就说，你和嫂子，还有姐姐、姐夫都回家休息一下吧，这几天放假，我和儿子伺候伺候老人家。

谁知这话还没落地，妻子举着手机走过来说，你手机关着干什么，向芸找你哩。

向芸是我的弟媳妇。我走到一边接电话，听见她在那头小心翼翼地叫了一声哥说，我刚才听俺嫂子说，大娘一时还没事，你能抽空回一趟家不？

我这个弟媳平常大大咧咧的，罕有用这种语气说话，我觉得不对劲，问她家里是不是有啥事，怎么把电话打到这来了？

咱家也没事，她依然赔着小心说，咱娘好好的，孩子们也都好好的，也知道不该这个时候找你，可你们那帮同学不是要把什么丧事当成喜事办吗，老车他们找不到你，让我们一定通知你哩。

又是狗日的老车。

因为老车，包括我二弟、三弟等人后来都打过电话说这事，我一烦，昨天一放假就把手机关上了。这是什么时候，我岳母的葬礼眼看就要举行了，难不成还要去参加他们没事找出来的说不清是红是白的破事？我刚说了句我回不去，弟媳妇就在那头拖上哭腔了，哥，她说，你就算为我们回一趟家吧，咱娘也想你了啊。等过罢节，等他俩给他们挖好坟埋了棺材，我们就替你伺候大娘去还不行吗？咱娘也说去，要不叫咱娘跟你说说。

我知道她说的他俩是我的两个弟弟，狗日的老车让他俩去给他掘墓扛棺材去了。他还会叫他俩干什么，我一点儿也想不出。我有些眩晕，眼前一片金星簇拥，恨不得把手机摔了。这时我妻兄走过来说，家里有事就去忙，我们人多，也不差你一个。

他什么破事啊,我妻子说,不过是一帮狐朋狗友闹着玩儿,早该叫他伺候咱妈几天了,不能让他走。

妻子见我一下子拿出五千块钱,自然有些狐疑,只因是拿给她老妈的,算给她长了脸,对我此番的表现还算满意,一时顾不上追究钱的来历和我那晚的去向了。她要找个合适的空儿追究是一回事,另一回事是,她希望我表现得更乖更突出些,多给老人尽点孝,以期多少弥补一点我们此前的罪过。我理解她,但是老车不给我机会,我手机刚一打开,就有电话接二连三地打进来。我妻嫂也过来劝说,有事就回去吧,我们也不留你吃饭了。

又跟我妻子说,你妯娌都来电话了,咱拦着不好。真有急事了,再给他电话吧。

这一次,我妻子没再坚持,我也没再坚持。我转身回望了一下靠着一瓶氧气支撑着的岳母,想她老人家都跟病魔斗争了三年了,数次化险为夷,这次怕也能再支撑一些日子吧,就擦了擦儿子的泪说,好好替爸爸陪着姥姥啊。

我绕了一个大弯,匆匆赶回墨水镇去。

黄蒜薹的阴婚仪式很隆重,但我到底没赶上。我从聊城车站上车时就十点多了,又遇上修路绕道兼堵车,回到墨水镇已是下午的三点多钟,整个仪式基本结束。那时候,除了农中的一伙同学还在镇子上的新纪元大酒店里胡乱吃喝,其他参加葬礼或婚礼的人差不多快散尽了。这个全镇最豪华的酒店也是老车投资兴建的,征的就是当初农中试验田的土地,老大一个院子,北楼三层,东西裙楼各上下两层,大大小小数百间房,跟城里的星级宾馆有一拼,也是集餐饮娱乐洗浴住宿于一身,别说坐落在斜对面的农中有多破败寒碜了,连一度领全镇风骚数十年的鸳眷楼也早被它挤垮了。

　　据老妖他们说，我没能如期出席黄蒜薹的婚礼太遗憾了，那差不多是全镇的一次盛事，光响器班就请了两伙，一伙专事吹奏喜乐，一伙专事吹奏哀乐。那个不幸夭折的小伙子是东土楼村的，叫章小五，新坟自然就挖在他们村的土地上。黄蒜薹乘着一口阔大的棺材嫁过去——那棺材就是我和白梦娣当初栽到她坟上的那棵树做的，历经十多年的阳光雨露，它早已长成参天大树，棺材则是白梦娣和她丈夫加班加点打制的——一路声乐不断，吹吹打打着穿村走镇。那份风光和排场，比活人的嫁娶还煊赫。这几年，老车的集团公司不断壮大，墨水村乃至墨水镇以西以南靠近路边的土地基本上快叫他给占完了，以至于又要征租黄坡村的这块荒地。我说过，黄蒜薹先前葬在一座废弃的砖窑场那儿，杂草丛生，碎砖烂瓦成堆，全村的垃圾都往那倒，黄坡村乐得卖掉它。所以即使没有这段姻缘，老车也会把黄蒜薹的坟墓迁走，有了这段姻缘，在他在黄坡村，甚至在总像有一个疮疤搁在心头的黄蒜薹家人，都算是了却了一桩心事。老车的雪球虽然越滚越大，但也没少出事，伤亡的事，隔不了一年半载总会发生一起。我想他穷奢极侈搞这么大动静，固然不能排除他有偿还早年一笔孽债的想法，但最根本的，恐怕还是埋没多年的黄蒜薹不巧撞到了他眼皮子底下，让他老人家又利用了一把，因为与其动粗硬迁，还不如白事红办，拿她给他冲冲喜算了。

　　几个人正绘声绘色地说着这桩声势浩大的阴婚，准备放全程录像给我看，老车从楼上腆着个大肚子下来了，一见我就擂了我一拳说，老班你个王八蛋太不仗义了，老同学结婚都不捧场。我还以为这个世界没你就转不动哩，你跟我端的什么破架子？这会儿丧也吊了，喜也贺了，你还跑来干啥？

老车半真半假的，一伙人全愣住，刚才还笑语喧哗的，一下子就有些冷场了。我虽然没有接着还他一拳，但原本就不高兴来，这一下越发不高兴了，不知谁扯了我一把，我也没理，转过身说，我来看看有没有闹鬼，看看黄蒜薹有没有显灵，一从坟坑里爬出来就撕你骂你，扇你的嘴巴，吐你一头一脸的唾沫。

你的担心落空了。老车哈哈笑说，她一爬出来就忙不迭地跟那个小伙拜天地去了。

又转向大伙说，到底是老班的嘴硬嘴臭吧。这么多年，都没人敢跟我提那档子事了。今天一天，我听得最多的话，都是说我积德行善什么的，早知道你哪壶不开提哪壶，还不如不叫你老人家来哩。

在这桩事上，二壶、老一也没有发言权，老妖钻出来打圆场说，那都不说了，人家小两口刚入洞房，得说点喜庆的话，干吗不祝福人家白头偕老，就算偕不了老，也可以祝福人家早生贵子啊。来，都还接着喝喜酒，喝到天黑好闹他们的洞房去。

他一说洞房，一伙人忍不住笑了，也许只有坟冢，才更像真正意义上的洞房。老车顺势塞到我手里一个大号的酒杯说，你来得晚，就别说什么鬼话了，先罚三杯再说。

老车大约还想把我灌醉的，再叫我出一次洋相，却不巧，他刚罚了我三杯迟到酒，又找理由说，今天是个特殊的日子，白事三杯，红事三杯，中秋节三杯，同学聚会再三杯，一个个头至少在一米八以上的女秘书——据说她已是老车的第十一任女秘书了——举着手机走过来说，车总，车镇长电话，说穆县长来了，你接一下吧。

车镇长也即老车的二兄弟，他现在不仅是墨水村的村长兼书记，还兼着墨水镇的工业副镇长，县市两级人大的代表。到此为止，老车兄弟六个——混出了名堂，老二不用说要走仕途了，剩下四个，有专攻汽车行业的，有专攻家电行业的，还有进军房地产和银行贷款担保行业的，触角已伸至冀鲁豫三省交界地带的好几个县市。镇长县长有事相商，老车压了压手，一边推门进了另一个空房间。稍停他从里面出来说，大家该吃吃，该喝喝，穆县带来几个香港客人，我出去一趟，争取天黑前赶回来，再跟弟兄们好好玩。

　　老车说了赶回来却没赶回来。几个人打他电话，先是不接，后来是那个高个的女秘书接，说车总在跟县长和香港来的朋友洽谈投资项目，让大家自行其便，不用等他了。一伙人闹到天黑，喝到烂醉，有家人找来的，也有打来电话催回家的，又见实在等老车无望，纷纷作鸟兽散。我来到镇上了，还没回家看看母亲，也想跟着二壶、老一回去。但我刚出来酒店的门，就有温言软语的声音在身后叫住我说，先生请留步。

　　我回过头来，看见一个把裤衩穿到裤子外边的女孩袅娜到跟前，笑了一下说，车总关照我们，请您一定等他哩。

　　二壶、老一已钻进车里，闻言又猫腰出来，问我要不要他们等我，不待我回答，女孩又粲然一笑说，二位请便，车总自有安排哩。

　　他眼里根本没有我们俩，二壶、老一瞪着醉眼说，我们就先走一步了，有事打电话吧。

　　同学们一走，女孩转回身说，先生是车总看重的客人，请跟我来。

　　尽管女孩很漂亮，笑容也甜，但我心里难免有点儿打鼓，觉得吉凶不卜。我跟她忐忑地上到二楼，又拐弯抹角地来到一个装饰考究的总统大套房里，一转脸，居然看见老车个狗日的仰躺在沙发上闭目养神，另一个同样俊俏的女孩轻握着粉拳，正蹲在他跟前一上一下地敲打他的两条腿。适才那个女孩招呼我坐到另一只沙发上，又附耳喊了老车一声，他才睁开眼说，你慌着跟他们回去干什么？大老远来了，怎么也得给老黄吊个孝吧？就算你以后不给她上坟烧纸，也得看看她把新家安到了哪吧？咱兄弟俩说说话，醒醒酒，一会儿我带你去黄蒜薹那儿看看。

同学们早跟我说，现在的老车，神龙见首不见尾，可不成了真的。我当初是眼睁睁地看着他和秘书一干人等驱车驶出酒店大门口的，啥时候又跑到脂粉堆里享受来了？随后又有高挑俊美的小姐送来果盘，半跪着沏茶，翘着兰花指给我点烟。我真不知这些女孩都是从哪找来的，又是经哪些高手培训过的，在墨水镇这样一个天高皇帝远的地方，竟个个模样不俗，涵养有素。老车显然是久居兰室不觉其香了，头也不抬地挥挥手，女孩们慢慢地退后，并悄悄地掩上门，来去都没一点儿声息，倒把我给弄紧张了。

又到了兄弟俩独处的时候，我心里真是没一点底。我说过，墨水镇是我的伤心之地，是我生于斯长于斯的家乡，但也更是辱没我人格尊严葬送我美好爱情的地方，多少年后回到这里，我依然对它没好感，甚至连安全感也没。我见老车像尊佛似的窝在沙发上，说了说话又不吭声，只是有一下没一下地在适才女孩粉拳敲打过的腿上悠游自在地拍打着玩儿，到底是自己沉不住气，先他打破沉默说，老车，这回是你不厚道了吧，我们都醉成烂泥了，你倒好，一个人撇下大家消遣来了，成心看同学们的笑话不是？

老车又拍打了两下腿，一副笑话都懒得看的神情。你知道不，他没头没脑地说，干什么都得付出代价。

因为没老车监督，我酒喝得并不多，此刻却不得不仗着酒意说，我不知道你在说什么。

不知道我在说什么还紧张什么？老车说，我又没说你，我说我自个哩。你看看我这腿，都是当初跟二壶、老一那两个狗日的伙一辆摩托车伙出来的毛病，成老寒腿了。

先前他们三个人伙一辆摩托车，他却一天到晚一个人开着，风里来雨里去，此话当是真的。我想松一口气，但又松不得，没话找话地说，怎么了，死活催我来，是不是又有什么破账要跟我算清？

哪有那么多破账要算，老车吭哧笑出声说，我就想看看我还能请得动你不？

一县父母都是你的座上客了，我说，还有港商，请动请不动我还有什么意义？

老车说，你说老穆他们啊，不过是些狗日的政客和奸商，能跟咱老同学比？我陪他们吃了喝了，玩就不陪了，这不刚给他们开了寻欢作乐的房间，专门陪你来了。对了，听说老穆那家伙也爱胡诌几句歪诗，你见见他不？

我看不出这座裙楼的机关，但老车既然能在几十个同学的眼皮子底下上天入地，稳妥安置几个有头有脸的客人，自然也不在话下。老车说的老穆，是墨水县主抓经济的副县长，但我不知道他老人家还有雅兴写诗，只跟老车说，我这会儿没心情跟谁谈诗，你不知道我真有事？

我原本真不知道弟妹她妈病重了，老车说，一开始还以为你是借故不来哩。现在你丈母娘怎样了，用车用钱不？不是我说你，你这些年也真是白在外面混了，怎么还跟从前一样，有事也不知道吭一声？

也不是钱不钱的事了，我挪用着我妻兄的话说，就十天半月的事了，该准备的后事也准备了。

那你到时说一声，老车说，我带领咱农中同学都过去。知道你当初结婚时跟人家闹得不愉快，现在咱兄弟好歹也算穷得光剩下钱了，不能还叫他们看不起。

我一时捉摸不透老车的心思，也不想跟他绕弯子，看看表已是夜间九点多了，径自截住话茬说，这个事还悬着，就先不说了。这次是我没你想得周全，要不这就去看看黄蒜薹吧，我一回来就到你这了，还没进家门哩。

也不慌，单老师现在怎么样？老车说。

什么单老师怎么样，我叫老车的突如其问唬一跳，嘴上还硬撑着说，我怎么会知道她？

看又把你紧张得，老车嘻嘻笑了，乜斜着我说，做贼心虚了不是？其实我也不该问，我还不知道你，从来都不见棺材不落泪，不捉奸在床就不认赃，你以为我真捉不住你？我寻思，你这回迟迟不露面，你岳母家有事是一回事，再一回事还不是跟单小双师生恋一块去了，怕见我。一个城市里住着，却说一点也不知道她，打死我都不信。明给你说吧，情况我早掌握了。

我说老车你爱信不信吧，你不能总是以你的心度我的腹。

光嘴硬没用，老车说，还得那家伙硬才行。不要跟我这样，本事大的人都搞大了别人的肚子，我只是把自己的肚子给搞大了。还什么小人之心度君子之腹，你看看我现在能装下去你不？

老车现在真是富态了，怎么看怎么像一尊不真实的佛，可能是那个玩意儿不管用以后，就一心一意地发福了。以他的块头，怕还真能装下我去，我很奇怪我也到了该横向发展的年龄了，却还面黄肌瘦的，连胖起来的趋势也没。我想起黄蒜薹流产致死的事，乜斜他一眼说，你搞大的肚子还少啊。

这个也先不说了，老车有些颓废地说，你刚才不是说我不能总是以小人之心度君子之腹吗，那你也不能老用老眼光看我。走，我陪你看看老黄那个新娘子去。

　　两个人下了楼，已有一辆崭新的劳斯莱斯泊到门口。老车让那个司机下来，转脸问我在濮阳也没大见过这车吧，想不想过个瘾，想的话，他就坐副驾驶位上。我摇摇头说，我还不会开车。他也摇起头说，这年头哪还有不会开车的，单老师没有教你？我不理这个茬，他又说，那回去跟她学学吧，转天也送你一辆，反正咱现在有的是车。见我不吭声，老车就一边打火一边说，老班，咱可有言在先，我今天可是喝了酒的，要是把你栽到哪个坑里沟里去，可别说我是蓄意谋害哟。

　　时至今日，老车真不是我所能揣度的，能量我已估摸不透，说的话里有多少真假业已听不出来。我懒得跟他开玩笑，催他快点上路。老车发动车，还放了一曲低回轻柔的萨克斯。我虽然不清楚黄蒜薹新坟的具体位置，但知道东土楼村在镇子的东北方向，与白梦娣所嫁的那个叫西土楼村的村子比邻，见老车往西面开，问他怎么回事，不是去看老黄吗？老车也不回头，依然鬼笑着说混话，白天我考察过了，他说，那边的路上没大坑，也没有河，不足以摔死一世枭雄和一代诗人，就是死，也还是死在大坑里边更体面些不是？

　　我说随你。这年头，诗人不摔死也得饿死，只要你这大富翁能成功脱险就好。

　　说完两个人哈哈笑，不知己也不知彼。车子出了镇子，雪亮的车灯把道路和两旁的建筑照得闪闪发光。墨水镇是今非昔比了，沿途到处是这样那样的厂矿企业。我从濮阳回家，出了河南就进入墨水村了，镇子这边已多年不曾涉足。每过一处，老车都指给我看，说这是什么厂，那又是什么厂，主要生产经营些什么。一个挨一个的厂子全挂着老车化工集团公司的大牌子，绵延十余里，星罗棋布。他的车在哪个门口停一停，或稍微鸣一鸣笛，哪个门口的保安都会战战兢兢地跑过来，问车总有没有指示吩咐。尽管老车有摆谱的意思，但这么一路巡视过来，我想不惊讶他的家大业大也不行。老车不以为然地说，我要跟你说你看到的只是我整个产业的冰山一角，可能有些夸张，但我可以肯定地告诉你，这不是全部。

我知道这不是老车产业的全部，这些只是地面上的，地面以下的，他不会跟我说，我也看不到。我曾听说墨水县城的房地产有70%是墨水镇人开发的，老车有没有参与开发或控股我不得而知。我还听说，随着石油产量的下滑，以及国际金融危机的冲击，墨水镇作为油区的边缘地带，油田总部放弃了这个地方的几口产量低的油井，国家开发它们要兴师动众的，成本大，入不敷出，但转手给个人承包的话，那就是一棵棵摇钱树，一个个聚宝盆了。而实际上，有了解内情的人说，那根本不是产量低的井，只不过被一伙假公济私的家伙暗箱操作成废井罢了。老车手下至少有3口井，分别产油、产气、产盐。据说光那口出产盐的井，每天的产值都在3万元以上。想想看，一个私人拥有储量惊人的石油、天然气、地下盐井，该是多大的一笔财富，倒叫他横发危机财了。

在车上，老车扬着一只手说，你算算，按最保守的估计，我今年产值也要突破20个亿，不说上缴多少利税，创造多少财富，光安排农村剩余劳动力多少，养活周边县市下岗工人多少，解决就业无门的大中专毕业生多少，减少盗窃抢劫的犯罪率多少，我作的孽跟我做的业比起来，哪个更大，哪个更小。我听说你曾胡吹什么你走得比我还远了，同学们都看不见你的影子了，你能看见我的影子不？你一首破诗就算翻译到了日内瓦、立陶宛、澳大利亚，感动了几个洋傻妮洋怨妇，那又咋了，能赶上我价值百万的医疗器械援助阿富汗难民更有意义？我问你，你今年玉树地震捐了多少款，至多不过二百吧，跟我亲自押送去的一车食品医药和一车棉衣帐篷比起来，能算毛毛雨不？能算个屁不？

我依然不能确定老车的话里有没有水分，但格外清楚自己的情况，迄今为止，我还没听说我的哪首破诗感动过哪个洋傻妮洋怨妇，玉树地震，我也真是只捐了二百，还不是一次性拿出的，而是分别参加了单位和地方作协组织的募捐活动。我叫他说得汗颜了，转脸望向窗外，他还不依不饶，拽了我一下说，你得听我说。

行了老车，我回过头来说，你叫我大吃一惊也就够了，未必还非要我肃然起敬不成？

老车坏笑着说，看你还用老眼光看我不？

我知道你对老黄的阴婚有看法，他又说，可除了用这种法儿安一安良心，我还能咋着？而且我还真有点迷信，先前要征租他们村那块地的时候，我忘了老黄埋在那了，一等施工，才有人给我汇报那儿有一座孤坟，以及你和白梦娣栽的那棵混账树。接下来就夜夜不安了，就跟你说的那样，老黄成了个厉鬼，还豢养了一群蛇，一闭上眼就吐我骂我，就率领她那群蛇们在我身上乱缠乱爬，还专往我这儿缠这儿咬。我这儿，他们那帮狗日的跟没跟你说过我这儿，早他妈是个摆设了，你不咋着它，它还想疼就疼想痒就痒呢，哪还经得起群蛇乱缠乱咬？她在死前给我说的最后一句话是，狗日的老车你不得好死，这下算挥之不去了，捂上耳朵也照样听得清清楚楚，声色俱厉。你猜咋着，扒开老黄墓的时候，真有大小上百条蛇，红花黑身子的，青花绿身子的，一条比一条瘆人，会飞，会直立着吐蛇信子，我那个惊啊，这儿直哆嗦。有人要铲死，叫我骂了一顿，好好烧了几炷高香，又请法师巫婆子好好许了愿，做了法，才把它们请走。要说我他妈干的伤天害理的破事多了去了，咋就老黄最叫我亏心？

黄蒜薹也叫我深感亏心。

我害怕。老车说，所以才留下你说说话，说说我们共同经历的那几个女人。我他妈现在混得连个说话的人都没有，高处不胜寒哪。

我险些叫老车夸张的苦恼逗笑了，但难得他还能问心有愧一回，所以坚决不打算笑，而且他那句"我们共同经历的那几个女人"也叫我伤感，瞥了他一眼说，未必白梦娣就不叫你亏心？单小双就不叫你亏心？

她两个我亏心什么？老车叫起来，也横了我一眼说，要说亏心也是你小子才最该亏心哩。

那两个人还真是叫我亏心，但怎么就应该比他更亏心哩？听见老车又说，先不说单小双，你总得承认白梦娣是爱你的吧，可你为她做过什么？

我什么都没为白梦娣做过。这些年，我又一度把她忘到了脑后。我只知道她还在跟着木匠打棺材，却不知随着火化政策的推行，棺材沦落到边缘的位置，可有可无。要不是老车良心发现，在危急关头伸出援手，他们两口子赖以糊口的棺材铺，怕早就关门打烊了。

不用说，白梦娣也是拖儿带女的人了，儿子小女儿三岁。也就是儿子刚满两岁的那年夏天，光着屁股乱跑的他碰翻了一大暖瓶水，造成身体大面积烫伤。白梦娣抱着他先去了镇医院，镇医院看不了，她又跌跌撞撞地抱着他跑到大街上截车，准备到县医院去。那时候，开往县城的公共汽车还不多，白梦娣只是心急火燎地抱着孩子疯跑，她的木匠丈夫在后面一瘸一拐地跟着，再后面，是他们那个五岁的哇哇大哭的女儿，一个跟不上一个。本来女儿是跑在木匠前面的，但她先后被一块西瓜皮和一片水洼各绊了一脚，磕掉了一颗原本就已松动的门牙，再爬起来就血头泥脸了，仿佛一个小叫花子。一家人一递一声地呼喊着，一个疯子抱着一个烫得血肉模糊的孩子，一个一歪一斜的瘸子追着一个疯子，一个肿着嘴唇豁着门牙的小叫花子追着一个瘸子，可把满大街的人看傻眼了，扼着腕喟叹，摇着头欷歔。老天爷，他们说，到底是老天爷比人更能作孽哟。

　　老车是从相反的方向坐着一辆奔驰轿车驶过来的，他刚从县城办完事回来，顺带从人才市场招聘了两个女大学生。其时白梦娣已经跑出了镇子，因为方向不对，她也没拦老车的车，老车也没停，倒是那两个少不更事的姑娘被那个一蹦一跳的残疾木匠逗笑了，没心没肺地说他那么像一个卡通人物。老车出门必带两个人，一个司机，兼做保镖；一个秘书，兼管财务。这样老车就坐在两个女学生中间，也是他习惯的坐法，左拥右抱。他的集团公司准备办一份简报，拟高薪聘请一名编辑，之所以把两个人都招来，是因为两个人才貌相当。他坐她们中间就又有了另一种解释，他的态度是一碗水端平，究竟谁能留下来，那得靠她们自己角逐。因为天热，又因为要推销自己，着装上，她们不仅敢把领口开得一个比一个低，让胸脯呼之欲出，还敢把裙子穿得一个比一个短，让春光惊艳乍泄。这么一路同车坐过来，肩挨肩腿碰腿的，很快却跟老车称兄道妹了。这也是老车泡妞泡出的经验，他后来跟我面授机宜的时候就是这么说的，一次追一个，你追她跑，啥时候才能追到手，只有一箭双雕甚至一石三鸟地玩，才一个都不舍得跑。据说这两个表现得都很优秀，以至于老车深感手心手背都是肉，咬哪哪疼，索性把一份简报交给她两个办，一个编辑一个记者，兼着负责公司的形象宣传和营销广告。老车跟我说起这档子事的时候一脸坏笑说，你要是想知道啥叫手心手背了，你就来见见，随时欢迎你出任她们的总编辑哟。

　　当下老车的手已开始像鱼一样地随意游走，那俩女孩与其说是真被窗外的木匠吸引了，不如说是在用一种模拟的天真自我保护，让前途未卜的自己分心，也让入戏太快的老板分心，所以笑得有些夸张，花枝乱颤。司机也受了感染，却不以她俩的大惊小怪为然，憋不住插了一句嘴说，你们不知道他还有更可笑的事哩，腿才瘸了一条，心眼却不知缺了多少个，明明是个木匠，但活人的家什一样也不做，只给死人打棺材板儿。

　　说者无意，听者有心，老车骤然意识到他刚才错过去的那个披头散发的女人可能是白梦娣，陡地打断两个女孩的笑声，一边叫司机停车，一边两手分别打开两边的车门说，你两个下去。刚才还笑得花枝乱颤的女孩一下子花容失色了，不知自家哪一个动作没配合默契，惹得老板如此着急，也不过渡一下，说翻脸就翻脸了。车里有空调，车外是几十度的高温，里外两重天，可两个人突然遇冷了似的，一会喊车总，一会喊车哥，喊得拖泥带水，谁也不肯下车。老车是那种会绷着脸笑的家伙，此刻就绷着脸笑了下说，在车里看不清楚，到外边看看还有没有更可笑的事儿。也不用走远，就近找个树荫看笑话就行，如果我不回来，自会通知另一辆车来接你们。这边让司机急转弯，从后面追了上去。等他打开车门，白梦娣钻进车里，哭得两眼红肿的白梦娣都没认出他是谁，只望着前面的司机说，师傅开快点吧，师傅开快点吧。老车一看见她怀里那个哭得有一声没一声的小人儿，看见他从膀尖到腿弯闪闪烁烁着血糊糊的水泡和暖瓶的碎片，就明白怎么回事了，也没跟白梦娣商量一下，又让司机掉过头来说，去濮阳吧，近些，也比咱县的医疗条件好。

在这方面，老车显然比白梦娣有经验得多。那时候，他的化工集团公司刚组建不久，安全措施不到位，无论是珍珠岩厂还是玻璃丝棉厂，也无论是节能灯具厂还是塑制品厂，都跟火有关，跟天然气有关，昼夜火焰熊熊的，烫伤烧伤的，已发生过不止一起，跟医院打交道多了，知道哪里有名医。白梦娣原本就有一点痴，此刻哪还有一点主意，她的头上脸上也沾满了从儿子身上蹭下来的玻璃碎片儿，只是一边陪儿子有一下没一下地哭，一边催司机师傅快点开，还是旁若无老车。老车倒没计较，一抬头看见追赶媳妇儿子追失踪的木匠正在马路上茫然，就在行驶到他身边时慢了一下车，从车窗探出头说，你这腿脚去了怕也没用，还是先去把那个哭倒了的孩子扶起来吧。汗流浃背的木匠一时也顾不上了，他虽已久闻老车大名，但还不认识老车，看见媳妇儿子坐到了车上，趔趄着追赶了几步，一手揉搓着被汗水浸湿的眼，一手塞过来一把同样被汗水浸湿的票子，大约有五六百元。娣儿，他乱摸着口袋说，娣儿你等一下，我兜里可能还有几十块零钱。老车很不高兴他这样亲昵地叫白梦娣娣儿，不耐烦地打断他说，别说零钱了，你这整钱也不够用，就别耽搁时间了。扭头给司机点一下头，车子就迅速地滑过了木匠。这时白梦娣把另一边的车窗打开了，丢给木匠一句话说，那你再去多借点钱吧，记得我们是去濮阳了啊。

车子一路风驰电掣而去。路过那两个在烈日下大眼瞪小眼的好妹妹，尽管好妹妹又是挥手跺脚又是大呼小叫的，可老车连眼都没眨一下，行同路人。老车真的历练出来了，温柔乡常有，而老同学不会常常有麻烦，分清了事情的轻重缓急，也难怪他能把偌大一个集团打理得滴水不漏，还能决胜千里之外，遥控异地他乡的产业了。据说我那两个小学妹非但没因他的中途卸人怪他绝情，反而还感动得涕泗横流，只道是

跟我说爱我

190

为富不仁，哪想到车总如此侠骨柔肠，为一个又傻又穷的老同学挺身而出。车总，她们说，车哥，她们又说，你不要叫我们太崇拜了好不好？也不要叫我们太喜欢了好不好？

半个小时后，车子抵达濮阳市人民医院，司机熟门熟路的，抢过孩子直奔烧伤科。在路上，老车他们已联系过大夫，使得眼看就要哭断气的孩子得以及时抢救。白梦娣身上只有几百块钱，就算加上木匠的那五六百块钱也枉然，光入院费就得三千元。老车也没跟她要，一切手续都是他的司机和秘书楼上楼下地小跑着办理的，指望腿脚不便手头又不宽裕的木匠，真不知要耽搁多少时间。等给孩子洗去满身玻璃，涂上药又挂上吊瓶，老车买来一堆日用品和一把医院食堂的饭票，那个木匠才蹒跚赶来。他这会儿也知道救命恩人是谁了，看见儿子已睡着，长舒一口气，手指抖抖地撕开一包专门为感谢老车买的精装大鸡烟说，多亏了车总，谢谢你，我和娣儿，一辈子也不会忘记你。

老车显然并不在乎他忘记不忘记，而且仍然不高兴她喊白梦娣娣儿，皱了一下眉，不光没接他递来的烟，还让司机把三盒极品黄鹤楼烟和两盒半的九五至尊烟一并丢给他说，见了那些抽烟的大夫，就递一支，不抽的，也不用强求。这是城市，不是咱家那地方，谁见了好烟都想抽。

木匠忙不迭地点头，老车早又把目光转到了白梦娣身上。岁月把一个林黛玉一样的好女儿给催老了，形容憔悴，骨瘦如柴，跟个纸人儿一样。而一给儿子输上液，白梦娣盯着吊瓶的目光，就又分外疲惫涣散了。如果说她先前的着急和精神都是出于母爱的本能，现在一松懈，本能也不好激发了。

老车此刻跟我说，那一刻，你不知道我有多心疼。但在事关儿子生命安危这桩事上，白梦娣表现得还真不含糊，她迎着老车的目光，尽管泪水又盈满了眶子，却定定地望着他说，真的，这次我们很感激你。老车原本想问问她有没有认出他是谁的，见人家夫妻俩这样，也不好多问了，抬腕看了看表说，我还有事，就先走一步了。有事再给我电话。

木匠忙说已经感谢不尽了，一边送老车下楼，但老车走了几级又一个人折回身来，越过木匠走到白梦娣跟前说，你可能不知道，我刚才也忘了跟你说，咱老班就在马路对面的日报社上班，有急事就给他打个招呼吧。他毕竟家在这里，跟他说比跟我说更方便些。

白梦娣没说什么，只是又点了点头。

白梦娣点了头却没有找我。而医院和报社，真的是隔路相望的邻居，只不过医院的门朝南开，报社的门朝东开，稍微显得远了些而已，但再远，也不过五百米，若从他们的院墙到我们的院墙算，直线距离至多一百米。她要是从楼上的窗口往下看，可以看见我在这边进进出出地上下班，喊一声或招招手，我们就能见面。但她在我对面的楼上住了整整十一天，十一天里，我们咫尺天涯，比相隔最远的时候还要远。

狗日的老车，我不知何时泪湿了眼，挥手打了他一拳说，她不说，你怎么也不跟我说？

我都把她送到你眼皮子底下了，老车说，难道还用我再说？

你别踢踢打打的，他又说，我开着车呢，真打到坑里河里去了，你别赖我。

这时车子早拐了好几个弯了，我都不知道在往哪个方向开了。到那个年底，木匠凑了三千块钱，找老车还账。三千块钱相当于白梦娣一家大半年的生计，但在老车都不够他打一圈麻将输的，不够他给某个小三小四买一只宠物狗宠物猫的，而且一开始他也确实不在家，就打电话不让家人接他的钱，但耐不住木匠天天瘸着一条腿拐着一条腿大老远跑来，只好叫家人接下来了。也是从那以后，老车开始暗中帮衬白梦娣，但凡本村或周围村庄死了人，他随礼不随别的，只随棺材。弄得那些穷人或不孝顺的人，意欲用一领草席或一条麻袋草草将先人骨灰埋葬的，现在也都能体体面面地安葬了。这是正常死亡的，不正常死亡的，比如厂子里再死了人，他必指示人去木匠那里买棺材，或者别的跟他有关系的厂子里死了人，也会动员人家去木匠那里买棺材，害得其他棺材铺不得不关门大吉了。

好在要奋斗就会有牺牲，老车挪用着一句经典的话说，死人的事是经常发生的。

这句话我听着耳熟，一思忖果然有出处，但他怎么会在前面加了个按语式的"好在"来，倒叫我始料不及。老车就像我肚子里的蛔虫一样，掀窗往外吐了一口唾沫说，你奇怪什么，只有天天死人了，我才能天天打发人买她的棺材。你奇怪，说明你爱她不如我更爱。你说你当初不在背后捅我们一刀子，她今天至于跟一个又老又丑的木匠打棺材？而且，我没有跟你一样暗箭伤人，我至今恪守着我们之间的诺言，你都把她忘了，我还像我当初答应过你的一样，白梦娣那里你放心好了，我一不会动她，二会替你照顾好她，我做到了没？

我没细想老车置换了事情的次序，只觉得羞愧不已，脑子纷乱如麻。我打开车窗透气，把头伸到风里，伸到夜色里，我感到我跟老车，这一辈子也别想再扯出个子丑寅卯来了。但老车非要跟我扯，他盯着我的后脑勺盯了一会儿，又拽了我一下说，你还得听我说。

这时，老车把我这边的车窗玻璃关了起来，见我不得不扭回头来，才又坏笑了一下说，好容易逮住个说话的，你不想听还行？

我不一直听着吗，你说。

是不是该说说单小双了？

你爱说谁说谁，我反正只有听的份儿。

也没说到单小双，车子下了一个陡坡，驶向一条机耕路。这种俗名葫芦沟的土路在乡间常见，多是由前些年的灌溉干渠改造成的，明显比两旁的庄稼地低，仿佛在峡谷里穿行。路变得窄了许多，坑洼不平，劳斯莱斯也没优势了，老车忙着左右打方向盘，暂时把单小双搁到了一旁。墨水镇是全县乃至全市的重镇，名曰高新技术产业经济开发聚集区。据老车说，五年以内，这里要改成省辖重镇，不再归县里市里管。但墨水镇本身也有区别，以镇政府所在地为界，它的西南方向有产气产油产盐的几十口井，到了东北面，则一口也没有。随着工业群落的消失和机器噪声的远离，我看见了难得一见的星星，刚才还昏黄一片的月亮，也渐渐澄澈如水了，并且越来越明亮。我又悄悄地开了一条窗缝，感觉夜风的味道也清爽纯正了许多，有了青草和庄稼的气息。我据此判断车子已驶出老车的地盘，拐到镇子东北部来了。我觉得找到了回击老车的理由，他虽然造福一方，但也把那块风水宝地糟蹋得不成样子了，到处是工业废渣和粉尘。我不愿意跟他谈往事，尤其不愿意跟他谈单小双，就指了指窗外说，老车，我在这边的天上看见了星星，还在草木上看见了露珠，在你那边可是一点也没看到。

你不是又想抒情写诗了吧，路太窄太弯了，老车来回颠簸着说，我最讨厌你这酸文假醋的样了，既然要写抒情诗，那还削尖了脑袋跑到城里去干什么，我倒要请你说说看，现在还有哪个城市的天空是干净的？见我不吭声，他又说，光看见了星星露珠有什么用，你就没看见别的，没看见这破路？据我所知，这边的人都挤破了头要去我那边打工，像跟老黄结婚的章小五,不也是这边村庄的?而且用不了多久,我的地盘会扩张到墨水镇以东,无缝隙覆盖整个镇子,那边因地制宜搞生产,这边近水楼台搞深加工。明着跟你说吧,图纸都规划出来了。

我说你野心也太了吧,都几辈子花不完的钱了,干啥还要扩张?现在的口号不是已经从又快又好发展往又好又快发展转变了吗,你就不能慢一点脚步,留一寸净土?

还是那句话,老车说,干什么都得付出代价。墨水镇现在就像一堆香喷喷的屎,所有的苍蝇都要飞来叮一口。这不你也看到了,连香港商界的苍蝇都吸引来了。妈的,来吧,来多少老子消化多少,控股多少,都他妈的来了,老子就可以把老车集团壮大成一个老车王国了。

能源决定一切。这边不仅路破,村容村貌也不能跟西边比,颓废的矮墙和潦倒的房屋俯拾即是,还有撂荒的庄稼地和空无一物的猪圈牛棚。它们接近于乡村的本色,但也是乡村自暴自弃的伤口,当隆隆的推土机把一切推倒,当随之而来的工业烟尘把一切覆盖掩埋,那究竟是抚平了乡村的疤痕,还是在伤口上又撒了一把盐呢?在喧哗与躁动中,谁能听到来自大地深处的呻吟呢?世界会进步的,我泛泛地说,也会越来越趋向于理性和文明。那些远道而来的,不光有苍蝇,也会有大鳄和巨鲸。你这种黑吃黑的做派,迟早一天会行不通的。

那一天太遥远了,老车鄙夷地说,我望穿双眼都望不到头。

依老车现在的势力,真难有什么能撼动他了。而且他也不全是黑吃黑,他那些高污染高能耗的项目也在转产转型,他企业是地方重点保护的金牌企业,他本人更是地方荣誉等身的经济明星。我想起那年二壶、老一动员我回乡竞聘村干部扳倒老车的行为,多么像那个流行的段子,一只蚂蚁伸出一条腿,给兔子扬言要绊倒龟儿子大象。这个可笑的回忆让我相形见绌，听见老车又恶声恶气地棒喝我说，老班，不是我说你，你一点也不觉得你这个人特别不厚道？一点也不觉得我这是在捍卫家乡的尊严和财富？就算我是为个人利益为集团利益才跑马圈地的，但我把面条捞了，不是还给大家剩了大半碗热汤？如果朱门的酒肉不臭，路上岂不是要有更多的冻骨？你还要大言不惭地写抒情诗，可你真正理解过诗意没有，弄清过这二者之间的逻辑没有？作为生于斯长于斯的墨水儿女，我都为你说出这种没水平的风凉话来感到羞耻，感到丢人。从小学到大学，得算是这片土地养育了你成全了你吧，可你翅膀一硬跑到了外省，从鲁国跑到了卫国，上纲上线的话，你这就叫变节，叫卖身投荣。你以为萨达姆真是罪人了，本·拉登真是恐怖分子了，你设身处地站在人家的立场上想想，难道他们不是骨头最硬的民族英雄？你跑出墨水就不管父老乡亲的死活了，是谁寸土必争，改变了家乡一穷二白的面貌，至少，我也替你拯救了白梦娣于水深火热之中。

疯子有疯子的学说，且自成体系，老车素有逮住谁就给谁上课，逮住谁就培养谁的癖好，这下我被关到车里，就别想耳根清净了。我刚做好当一回流氓无产者的心理准备，他姑妄言之，我姑妄听之，任他死缠烂打，我自死猪不怕开水烫了，他却突然停住了嘴巴，眼睛一眨一眨地盯住了左前方。循目望去，百米开外的远处，一座高过周遭玉米的新坟兀立在车灯的余光里，坟前有纸钱燃起的青烟和火苗，有三个黑影在火光里摇晃，其中那个最细最长的影子，是一棵刚刚竖立起来的几近于树的树苗。

妈妈的，老车揉着眼睛嘀咕了句说，老黄那儿怎么会有火，难道还真闹鬼了不成？

历史出现惊人的重复。不用走到跟前，我也知道那儿没闹鬼，知道那树苗一定是棵杨树苗。我还知道，那里有一个女人，是白梦娣，男的则是她的木匠丈夫，除了他们，谁还会深夜跑到黄蒜薹的墓前，要给她的新家植树！此刻车子还在行驶，要开到前面的岔口那儿才能拐进黄蒜薹的墓地，看着近走着远，至少还有三五里路。依次绕过一片玉米地高粱地，绕到一块豆子和花生杂种的矮棵作物地前，车子基本上和黄蒜薹的墓地平行了，视野也变得开阔，我让老车停下车，突然不想再往前走了。

你没想到吧？老车说。

我是没想到，可我不想说，悲伤使我恍若置身隔世，不知今夕何夕。记忆里，应该也有这么一个同样不适宜植树的季节的，我曾和白梦娣给黄蒜薹的第一座新坟栽过一株白杨树。我们常去那里浇水，松土，施肥，它立竿见影地撑起了一片绿荫。我和白梦娣每次去那里，都会手捂胸口，默默地或者念念有词地祈祷，但望它能健康成长，给黄蒜薹灵魂以荫蔽的同时，一并见证我们的爱情。而今树倒爱情折，而且爱情还夭亡得更早，我该鼓舞多大的勇气，才有颜面面对一棵扎根灵魂深处的树？

说啊，老车抽出一支烟却没点，只是催促着我说，到底下不下车？就像当年那样，你再跟她合伙栽棵树去？

老车你少聒点噪吧，我只望着窗外说，你不叫我安静，也叫人家安静会儿行不？

东土楼村与西土楼村咫尺之遥，白梦娣却要在夜间说服她的丈夫来跟她植这棵树，一定不想让人知道，毕竟与死者没直接的亲属关系，眼下也毕竟不是植树的季节，为声誉计，为儿女计，她也不稀罕再给人们提供更疯更傻更神经的证据了吧？木匠当年曾给我撂过一句"你再来，我媳妇就还会死"的狠话，我今夜又有什么理由贸然闯入她的生活？

不见面也好，老车又说，咋说人家现在也不需要你了。

　　而且植树行将完毕，已填过土浇过水，我们更没有过去的必要了。只不过当年挖坑填土的是我，白梦娣扶着树，而今因为木匠腿脚不好，男女工种颠倒过来，真是难为她了。木匠开始收拾铁锨水桶等工具，白梦娣踩了踩土，又就地找了根秸秆，转身去拨弄坟前那堆还没完全燃烧尽的香烛纸箔。在跃动的火焰和飘忽的手电筒光里，白梦娣依然瘦削，暗黄的面色上附着草屑和灰。有一缕汗湿的头发在光晕里被放大了，投影到夜空，扫拂着，从发梢上滑下来的一颗汗珠，或泪珠，不偏不倚地滴落到黄蒜薹的坟头尖上。往事历历在目，我又依稀看见那位在古书中葬花的女子，兀自默默地流泪。等火苗弱下来，手电筒的光影指意不明地晃了晃，木匠拉了几次白梦娣，夫妻俩一起消失于密密匝匝的青纱帐深处，老车才欷歔出声说，妈妈的，人家这才叫同学，才叫姐妹哟。

　　老车也会欷歔，倒叫我吃惊不小。我看见他把那支烟揉搓碎了，肥厚的眼角有一股潮湿的光芒在闪烁，他却不让我再看，掀窗把烟丝扔了，把一口唾沫夸张地吐了，胡乱地一挥手说，走，咱也给老黄磕两个头去。

　　到了墓前，我才看见黄蒜薹的新坟不仅阔大，数倍于老坟，还立有一通花岗岩黄金麻墓碑，从刚才的角度看，正好有几棵树挡住了它。碑上刻着遒劲的文字，左右各有一联："天上比翼飞二鸟，地下连理栖双枝"，横批为："一往情深"。不知道老车请哪路高人拟的联，换了我，还真未必就能套出这绝对。　竖排大字自然是两位死者的姓名："黄蒜薹　章小五之墓"，其下是一段简略的生平介绍和姻缘过程，再下面是立碑人的姓名，依次为"老班　老车　老妖等墨水镇农中1989级全体同学敬立"，居然是我打的头。这个事我都没出面，此刻不由有些赧颜，拍了拍老车的肩说，到底是兄弟，又叫你感动了一回。

老车从车上带来了红酒、啤酒，以及鹿肉干、鲍鱼果、鱼翅等一些吃食，说要像小时候一样野炊一回。反正白天这里来了很多人，一片庄稼被踏成了平地，我们可以坐到白梦娣刚栽的那棵树下，陪黄蒜薹好好地赏赏月叙叙旧。不期天公不作美，才把美酒佳肴席地铺展开，月朗星稀的夜幕突然压来一大片云层，风起处，有闪电惊雷在空中翻滚，有如群蛇乱舞。冷雨还没来，老车便后仰起身子，仿佛已有闪电轰击到了他头上似的，一刹那间面如纸色。他不说最怕鬼叫门，更怕雷电，只说，不行老班，得走了，雨下来了咱那车会开不出去的，改天我们再来。

我收拾着那兜被风掀得东倒西歪的东西说，这咋办？

车上有的是烟酒果脯，老车头也不回地说，还收拾啥啊，留给老黄两口子吃喝呗。

雨说来就来，老车也说走就走，他已抄近路踏着庄稼丢下我跑了，我犹不能释怀。许多年过去，我也算个有些经历的家伙了，但乏善可陈，终我一生，黄蒜薹一样的姑娘，我再也没有遇到过。不管那次性事在多大程度上可称之为性事，她都是我生命中第一个赐予我风月之福的人，也是唯一一个傻着一股劲儿要把她少女的第一次保留给我的人，点滴云雨，一世恩泽，我对她怀有深深的情意和歉意，淋漓到磅礴，汹涌到汪洋恣肆，恰似那句烙印到骨髓的歌词：从来都不需要想起，永远也不会忘记。如此来去匆匆，我真的不甘心。没老车在跟前，我正好鼓足了给黄蒜薹叩首鞠躬的勇气，迎着骤然而至的风雨，我趋步到黄蒜薹坟前，深深地弯下腰去。

蒜薹对不起，我说，我不来看你，是因为你一直在我心里。

老车说的也是实情，雨下来了，他那车再好也开不出乡间的泥路。好在暴雨也有个由小到大的过程，我们紧赶慢赶，总算在风雨大作前驶出了那条深深浅浅的峡谷路。一上到好路上，老车才长舒一口气，自嘲地骂了一句说，妈妈的，敢情老黄还不高兴看到我。

我说也许，怕也不高兴看见我。

早没这么玩命地开过车了，老车抽出两支烟，从取火器上点燃了说，还挺惊险刺激的，给，咱抽支烟喝点酒歇会儿。刚才就跟有鬼追着撵着索命一样，你迷信不迷信？

我不太迷信，我思忖着接过烟，不想再喝酒，但也有些口渴，况且他已把两罐啤酒的拉环拉开了，只好接过来一瓶说，不过刚才是挺吓人的，你不是催我走吗，可我一离开黄蒜薹就绊了一跤，爬起来没跑两步呢，又被一堆乱草绊了一跤，从她那到你车上，一连绊了三跤。搁平常摔几跤也没啥大不了的，那会儿不是闪着电打着雷吗，不是在一个活生生的故人坟前吗，想不害怕也不行，就跟她在后边拉着你一样。

那说明你也不清白，老车闻言就释然地吐着烟圈嘿嘿笑了，装无辜样说，我早怀疑你对她也干过坏事。我的罪可都赎了，你的账怕还没还清，作几个揖就想溜，能怪人家老黄不叫你走？我今天跟你来可真有点失策，受连累了。

你少胡扯老车，我说，我才是跟你受连累了。

两个人在车上打了会嘴仗，老车不高兴，嫌跟我打嘴仗也没劲，死活不说一句实话哩，要是心里没短处，用着那么煞有介事地磕头告饶？

有些秘密注定要烂在肚里，我和黄蒜薹的就是。这秘密潜伏于体内，如同一只虫子，每想起来，胸口那儿就被咬噬得隐隐作痛。骤雨不歇，电闪雷鸣相逼，一切都栩栩如生于眼前，挥之不去。我也许只是慌不择路地凑巧跌了三个跟头，但谁敢保证那不是黄蒜薹要跟我算账呢？我是那种因为心事很重才格外粗心大意的人，顾此失彼。如果说此间真有什么玄机，那么这兆头可能隐含了另一重指意，我得到事情开始验证它的时刻，才能猝然惊醒，感觉上如醍醐灌顶，然而已经迟了。我先前没有勇气站出来说，究竟是谁最先偷袭了黄蒜薹一个少女的花季，现在不是没有，而是爱她就要为她珍藏这份鲜为人知的隐私，守口如瓶，一直守到死。她已经够不清白的了，我不能再给她的身世添一丁点瑕疵，不能像老车一样，以耻为荣，到处张扬自己的艳史。我让手捂到心上，让烟雾漫到脸上，有些疲惫颓唐地说，快点走吧，刮着风下着雨呢，说贴己话也得分个时候。

老车就问我咋走。我们村在镇子的西南角，我们现在所处的位置在镇子的东北角，从这个地方去镇子，约十五里路；如果直接去我们村，可能有二十多里路，但对于汽车来说，这点距离根本不算路；对于方圆百里仅此一辆的劳斯莱斯，更不算路。这时我掏出手机看时间，先看见几个未接电话，分别是我弟弟、弟媳的号，二壶、老一的号，我妻子的号，甚至还有一个单小双的号，刚才叫他颠簸得顾不上，此刻想是不是一一回拨过去，先给谁回拨？我思忖，应该给弟弟通个话，报个平安，但刚按下连接键，老车就抢到手里给我挂断了。

你啊老班，他说，真是没生过孩子不知道×疼，怎么会连基本的常识也不懂？我手机上的未接电话肯定比你的多，我都关了，你还开着。没看见外边的电闪雷鸣啊，还要玩这破玩意儿。

老车对电有种深刻到骨子里的畏惧，被人工驯服过的电都能电掉他的龟头，何况这野生的电。我笑了笑说，是没生过孩子嘛。

要不咱还回镇上吧，老车也笑了说，也好叫我好好款待你一回。不管你对我有没有歉意，我对你还真有那么一点不自在，偶尔想起来了会不舒服。我先前说你卖国求荣什么的，也都是话赶话叫你逼的，你别往心里去。说起来，你才只是把我赶到了监狱里，也没几年，一眨眼就过来了，我毕竟赶得你一辈子都回不了家了。

狗日的老车这一句话差一点没把我给说哭了。

对不住老班，老车喝了口酒说，这些年让你一个人在外面受苦了。

我想起那次腹背相贴的旅程，老车用摩托车送我去县一中上学，因为送瘟神一说话不投机，我往北走，他往南去，一上道，谁都身不由己，人生之路就从那个时候岔开，再也没法重设了。多少浪迹天涯的日子，此刻想来可真像一条丧家之犬。我摇摇头，举手搓了一下脸说，好了老车，不说那了。

老车说着熄灭烟，一边往左打方向盘。也就一支烟一瓶酒的工夫，路上开始大面积积水，仿佛一条河。俯视我们刚刚爬出来的那条峡谷路，犹如急流飞瀑，涛声响成一片。这么大的雨，我嘀咕了句说，也不知白梦娣两口子跑到家没有。

还挂着她啊，老车说，刚才就该把她拉到车里。不过她离得近，早该到家了。现在想想，人家两口子怕是知道有雨才连夜给黄蒜薹栽树的，也是发现雨快了才离开的，你没看见他们走前往天空晃了晃手电筒吗？要说我也该知道今夜有雨的，我这腿跟他妈晴雨表似的，坏天气还没来，它就隐隐作痛，不过我今天倒把这个征兆给忽略了。

老车说着又拍了几下腿，弄得车子左倒右歪。你干什么啊，我扯了他一下说，开着车哩。

雷电轰鸣，大雨滂沱，雨刷器虽然在一刻不停地忙碌，挡风玻璃上依然流水落花，能见度极低。我让老车开慢点，他大大咧咧地说，没事。在这一亩三分地里，我闭着眼睛都能把车开回家去。说出来你可能不信，白梦娣其实没傻，也没疯。

我倏地坐直了身子说，老车，你胡说什么？

我没有胡说。老车说，你想想吧，那天她都坐到我的车上了，却还防贼一样地提防着我，跟她的木匠丈夫说，记得我们是去濮阳了啊。如果这一句话不足以证明，那么她在整个抢救孩子过程中的清醒和配合，难道也不值得质疑？而且她还给我说了句话，真的，她说，这次我们很感激你。明显是打碗说碗，打盆说盆吗。要是傻子，能说出这么思路清晰冷静的话来？

这也说明不了什么，我迷惘着说，她本来就好一阵歹一阵的。

什么好一阵歹一阵啊，老车说，她就是装给你看的，或者装给我看的。我叫人留意过了，她平时持家有条有理的，穷固然还穷一些，但基本上是全村最干净的。

老车，我说，你说你最讨厌我的酸文假醋，知道我最讨厌你什么吗，我最讨厌你的捕风捉影。你也太自以为是了，她装什么不好，要装傻？

也是不得已，老车说，也是她爱你的最有力的一个证明。当然，你首先得承认，你严重伤了她的心。你要跟我争夺她，就该跟你们前辈诗人普希金推崇的那样，明枪执火地决斗，拿她当赌注当人质当挡箭牌，换谁受得了？连我都猜出来是你借刀杀人了，她会看不出？这是你歪打正着走狗屎运了，要是有一点闪失，她不就成了我的流亡夫人？谁比谁更毒，还不是一目了然的事！然后才是我的事。我当时确实逼过她，警告她不用收拾啊想的，想啊收拾的，这辈子别指望还能跟老班成一家子了，任她跟谁，也不会再叫她跟你，否则就把你两个双双杀了。一时杀

203

没事，老车说，我这是拿啤酒醒白酒哩。你放心，我死的时候，非得拉上你一块儿不朽了。因为一掀窗就会进来风雨，老车只把空易拉罐顺手放到仪表盘上面，很快排了一溜。妈妈的，他又一边换挡一边有点烧包地说，要不是叫他们耽搁一下子，咱现在也该到家了。刚才说到哪了？好，就说单小双。

一切都有兆头。事后想来，在命当归西前夕，黄蒜薹的灵魂阻止过我，老车身边的人阻止过他，两个人也许都还可以再苟活一些日子的，但我们双意孤行，在黄泉路上开足了直奔阴曹地府的马力。彼时大雨滂沱，雷电越来越急，车子在积水成河的路上像汽艇一样飞驶。我一再叫他慢点开，慢点开，他都不听，只是自顾自地说，我说我比你走得远，可不仅表现在经济上，表现在思想观念上，还表现在对事物的认识看法上，而且我也不是空口无凭地瞎说，我都能拿出证据来，你信不信？

老天爷，我说，你还有完没完了？

还以那三个女人为例，老车说，说别的女人你更不靠谱，也更显得你无知哩。你跟黄蒜薹再不干净，顶多也就隔靴搔痒的关系，我跟她有多深入，总不用多说了吧。还有白梦娣，为你忍辱负重这么多年，你却一点也不知道她真傻假傻，你不觉得自己严重失职？我告诉你，就是想看看你有没有一点赎罪的勇气，你拿什么赎罪？哪能老叫人家一个弱女子含辛茹苦，你老在那里跟没事人一样养尊处优？再至于单小双，你同样了解不了一点皮毛，说她的内心世界有点虚，但我可以明明白白地跟你说，我那时并没有看错眼，她就是有一对不一样大的奶子！

老车今夜处处惊人，我防不胜防。我知道他是要给我洗脑，跟我算总账了，我真后悔那年跟二壶、老一酒后失言，说出那么一句比他走得还远的鬼话，惹出这么一场混账透顶的嘴官司来，没完没了。但是，就算他说的句句在理，就算我了解单小双了解不了一点皮毛，可她的两个乳房我刚刚见识过的，甚至还刚刚摸过吻过比较过的，不仅形状轮廓如出一辙，连分量口感都彼此彼此，他怎么还口出狂言不一样大呢？

你有没有见过她女儿？

谁的女儿？

你少给我装蒜，老车说，还能是谁的女儿？

单小双女儿小的时候，我见过不止一次，扎着两根羊角辫，一笑两个小酒窝，再见她已是多少年以后。我还记得她跟我说她的小名叫双双，全名宋全双，她的哥哥叫宋双全，都又喜欢喝饮料又喜欢吃糖。她今年十七岁，在中原油田一中读高三。去年秋天，他们学校联合濮阳市新华书店搞了次"在阅读中成长"的征文比赛，我被邀去当评委。发奖的时候，我看见一个女生那么眼熟，那么像一个故人，亭亭玉立，落落大方，比故人个高，也比故人更美丽，恍惚之间，如果不是她先说了声"谢谢老师"，我险些就把她喊成了小双老师。颁奖与领奖只是片刻间的事，人很多，场面也很热闹，我来不及搞清楚她的来历，来不及把她的名字跟一个记忆深处的小女孩儿对上号，她便消失到一群学生中去了。后来我在单小双的影集上看到了这个小名双双的女孩，甚至还看到了她那次登台领奖时候的照片，才知道那就是她的女儿，已出落成一个人见人爱的大姑娘了。单小双跟我说，她跟她一样，外语文史成绩虽不错，但有些偏科，不知能不能考个好学校，让人担心。据说女儿现在也感到了危机，每天晚睡早起，枕戈待旦。老车怎么说到了她，难不成包养了人家的母亲不算完，多少青丝变成了白发不算完，还非要把一个花骨朵一样的少女的主意一并打了，把一个少女刚刚开始萌动的青春一并

207

给囚禁了？

　　有其母必有其女，老车说，她比她娘更好看是不？

　　那又咋了，我说，她该叫我们叔吧。

　　那你乱辈分了。老车说，一日为师，终生为母，你会连这个都不知道。我从来都叫她女儿喊我车哥的，未必你就敢厚着脸皮叫人家喊叔。

　　也不是喊什么的问题，我说，而是你究竟想说什么的问题。

　　在包养与被包养之处，两个人有言在先，名义上还是师生关系，节假日不在一起住，免得影响孩子。双双小的时候，老车基本做到了，他事多着呢，女人也多着呢，根本不屑于跟单小双一起住。但近一段时期，老车出入的次数多起来了，一会儿送学习资料来，一会儿请家庭教师来，总有不得不来的名目。暑假里的一个下午，老车途经单小双的住处时有点内急，便乘电梯上到她的家中。卫生间的门与防盗门比邻，他带上那个门就拧开了这个门，心急火燎地闯进去。屋里水雾氤氲，清香扑鼻，显然有人使用着卫生间。其实老车也听到里面有动静了，但以为是单小双呢，并没在意，谁知一抬头，竟看见一个美得吓人的裸体少女正站在梳妆镜前用电吹风吹头发，她刚从浴盆的喷头下沐浴出来，头发湿漉漉的，白皙光洁的腰身上还有星星点点的水珠。老车的目光一下子呆掉了，两只手呆放着，险些就扑了上去。少女无疑惊了下，双手一掩上胸脯，电吹风从她手里掉到地上，因为还没关电源，在地上呼呼地跳动。她俯身拾它的时候，尤显得颈长腿秀，腰弯臀翘，恍若尤物。老车感到血液的流速骤然加快，甚至感到下面涌动出一股久违的勃起，仿佛聚集在膀胱里的尿液，此刻都变成了荷尔蒙。少女索性也不躲闪了，径直转过身来说，你出去。

　　这话大约有点不怒而威的力量，老车不自觉地后退了几步，退到门口那儿，又讪讪地说，叫我再看看你。

你猜她怎么说？老车说，她真是不光比她娘长得好看，还比她娘更沉得住气。看什么看，她乜斜了我一眼说，没见过美女咋的？

少女说着推上门，把老车嘭一声关到门外锁死了。接下来，卫生间里又传出电吹风吹头发的声音，就像什么都没发生过一样。老车不是没见过美女的胴体，而是没见过乳房不一样大的美少女的胴体。老车恨不得破门而入，不巧去外面买菜的单小双回来了，只好夸张着内急状，讪讪地去另一个小卫生间里解决了问题。你不知道，老车有点迷醉神往地说，她站在阔大的梳妆镜前那会儿，乳房在镜里镜外一跳一跳的，就跟两只大兔子在领着两只小兔子捉迷藏一样，撒欢儿一样，甚至更多。妈妈的，活脱脱一大群兔子。

你又看花眼了吧，我暗自吃惊着，嘴上还漫不经心地说，怎么会有一大群兔子。

至少，老车说，我敢保证她的奶子跟当年的单小双一样，一个大，一个小。

她还是个学生，我搜肠刮肚着，极力地反驳着老车说，没发育全也未可知。

你智障啊，老车说，你脑残啊，她都十七岁了哎。

我知道是不会，知道较之男孩子，女孩子的发育期完成得更早。按老车说的时间，他见她应该在我见她之后，是夏天里的事。我见她的时候她都楚楚动人了，何况又隔了一年，更何况还卸下了校服，天生丽质的肌体上不着一物。接下来，老车已死在单小双身上的心又在宋全双的身上复活，煞有介事地调查核实起一桩搁置多年的悬案。随着大量的走访取证，他发现，不仅单小双母亲的乳房不一致，传闻早已作古的单小双姥姥的乳房也有别，至于单小双本人的乳房为什么先是不一致后又一致了，他说，显然做过手脚，有粉饰太平的嫌疑。在此基础上，老车又请教了人类生理学科基因学科等一些混账学科领域的权威专家，他们无比混账的分析和论证再一次证实了他那个无比混账的推测。什么都会遗传，他又像那年一样一言以蔽之地说，奶子也一样。

那你想怎么着，我有些苍茫地说，总不能连一个学生也不放过。

也不是放不放过的问题，老车学着我刚才的腔调说，而是听不听上帝的话的问题，是一个人忠不忠实于内心召唤的问题。她是个在校学生又咋了，别说不一定能考上好大学，就是考上了，将来不也是就业无门，还不得我来给她安排工作？要是换个人，我哪有耐心调查她的身世来历，早动手了。她这个年纪的女孩子，一辆车，一套房，再加上一张银行卡，满够打发了，管叫她天天赖在你身上撒娇。你不知道，我费那么大劲把单小双弄到城里去，她却只捧给我一对跟别的女人毫无差别的奶子，还断言我看错了眼，我多受打击，连死的心都有了。感激上帝开恩，让她的女儿拯救了我，让我又找回了自信和生活的意义。我原本打算好歹给单小双留点面子，不在她眼皮子底下动她，再等几个月，等她考上学再说，她考到哪了，就去哪给她买房买车去，可现在有点迫不及待了。妈妈的，一想起她，一想起那群撒着欢儿捉迷藏的大兔子小兔子，我就亢奋，就有一种恋爱的感觉。

扯什么淡啊，我思忖着主动起开一罐酒，想想，又给他起开一罐酒说，还好意思说恋爱的感觉。弄不好，你就是为了人家的女儿才一直不放手的，也太老谋深算了吧？

这不叫老谋深算，老车接过酒，嘿嘿笑说，这叫皇天不负有心人。

道理就这样，像个婊子，你想怎么操就怎么操，怎么操又怎么成。

我感到一种骤然而至的危险，仿佛眼睁睁地看到了大限。依宋全双的年纪，还可以说是个无知少女，何况她本身就有些偏科，跟她妈妈一样数学不好。拿我妻子的经历看，一个少女无知是会意气用事的，会脑子发热到跟随便一个家伙都可能私奔的。拿单小双的经历看，一个人数学不好是会吃大亏的，会拎不清充裕的物质和寂寞的人生到底哪头更轻哪头更沉的。历史的现实的教训都在那里明摆着，在这个推崇"宁肯坐在宝马里哭，也不坐在自行车上笑"的年代里，就算她是个异数，抵抗得了锦衣玉食的生活，抵抗得了豪宅宝车银行卡的诱惑，怕也抵抗不了老车花样百出的攻势，可怜一对孤儿寡母，断逃不过这一劫了。我想起那夜在宾馆，单小双像个无助的孩子一样钻到我怀里哭，说她怕，她好怕啊，那时我不解其意，此刻一联系起来，可不真叫她给怕着了。

单小双怎么办，她能受得了？我寻思，即便事情真像你妄猜的那样，她两个乳房不一样大，但她做隆胸手术的可能性仍然不大吧，作为一个爱美的女性，倒有可能是有意识地让孩子把不一样大的奶子给吮吸一致了。况且她正好生了一对龙凤胎，让胃口大的儿子吃小的，让胃口小的女儿吃大的，日久天长，还真给吃成一样了也未可知。可这说明了什么，这不正好说明她用心良苦，是为了有一天取悦你老人家吗？毕竟在正常人眼里，一样大的胸部比不一样大的胸部更好看些吧？

你心疼她了？老车依然坏笑着说，看起来你像个喜欢胸部一样大小的正常人，那你就去找她续旧梦啊。你分分她的心，乱乱她的性，也好帮帮我这不正常的人。她自己先红杏出墙了，还能怪我翻墙入院摘青杏吃？你放心，我不会断了她的粮饷。你玩着，我养着，对你对她，不都算仁至义尽了？成交不？成交的话，咱就把这酒干了。

干就干！我想自己毕竟已跟单小双接上头了，这一来不是反赚他一个人情吗？也许我想的还不止这些，反正就那么举着易拉罐碰了一下他的，跟他一样恬不知耻地说，这么好的事，不干岂不太傻了？至少你这次提前跟我通了个气，没再拿我当傻子一样哄弄。只是我把人给你引开了，你万一再变卦了呢，谁能保证你老人家不是设个套子给我钻呢！

到底也学刁钻了，老车哈哈笑着，很豪气地一饮而尽说，到底也算开窍了。你那意思不是怕空口无凭吗，好，好，就冲这一夜的嘴皮子没有白磨，回到家我就给你立一个字据。

这样的字据怎么写，我不得而知。我所能想到的是，要是两个男人合伙算计一个女人，那这个女人就在劫难逃了。单小双摊上我和老车这样的学生，也真是倒霉到家了。老车仿佛怕我反悔似的，急着回家立字据，把车开得更疯狂了。也就是说，我们离死亡只剩下咫尺之遥了。

我们注定了要客死路上。据说枭雄都患有程度不同的神经病，诗人也是。在那样一个晴空霹雳的雨夜，天空一再示警，我们一再忽视，不清楚已到了泥菩萨过河自身难保的境地，还要谋害一对母女，到头来车毁人亡，实是死有余辜，谁也怪不得了。

老车对我的合作意向很满意，把我的肩膀拍了又拍，一个劲儿地夸我此番表现不错，酒量也见长，到底不是朽木，还有救。当下两兄弟知心话儿说不完，酒也喝空了一瓶又一瓶，除了留给黄蒜薹的那几瓶，老车车上的一箱啤酒竟叫我们喝光了。老车至少比我多喝了十瓶，我都有酒意了，几次要吐酒了，他就算海量，也开始不停地打酒嗝了。我爬到车后头去找酒，老车说没了，再喝只能喝白酒了，本土的有五粮液，有1573，外国的有两瓶人头马路易十三，还有两瓶皇家礼炮威士忌，你要是真的活明白了，咱就痛痛快快喝洋酒。

我说是，我还没喝过外国人的酒，要喝就喝洋酒。

这么说着，我感到两个太阳穴在蹦蹦地跳动，但还觉得不够量，还需要更多的酒精壮胆，进而麻醉神经，但我究竟是在什么时候萌生了杀人之心的，我一点儿也不清楚。我瞥了眼窗外，依然骤雨不歇，电闪雷鸣，车子也依然在飞驶，越来越逼近村庄，接下来，它会一往无前地逼近一个年仅十七岁的女孩儿。她是宋学年那个苦命人留在世间的骨血，也是单小双这些年含羞忍辱地活下来的全部信念和支撑，她曾嫣然一笑地喊过我老师，从我手里接过征文比赛的奖品，就是今天，她还可能拿着我给她的门票和她的同学们去某个景点玩儿，留影，嬉戏，划船或荡秋千，她的青春灵动飞扬，她的人生还多么像一张白纸一样纯净。抛开她妈妈施与我卑微人生的恩泽有多少不论，我仍固执地认为，按年龄，她该叫我叔，我至今记得她曾挥着小手跟我说"叔叔再见"，或者就像她后来那样叫过的，叫我老师，一个当叔当老师的，为什么不能为一个花骨朵儿一样的侄女学生挺身而出！虽然不能像谭千秋老师那样用脊梁顶住震塌的楼板，难不成连螳臂当车的勇气都没有？我曾死乞白赖地要单小双跟我说爱我，也曾装腔作势地给单小双说过"不怕了，现在不是有我了吗"的鬼话，就算老车这样的庞然大物再所向披靡，再攻无不克，我那话未必还真像鬼话一样虚幻轻飘，真像放了一个屁不成？这怪圈一样恶性循环的破戏早该结束了，发生在我们师生之间同学之间的关系业已够乱够不堪了，再在下一代人身上恶性循环着重演下去，岂不要叫天下人笑死！再退一万步说，就算我们之间没有单小双，她也还是个读者，我也还是个作者，我虽不知道她是否读过我的作品，但她毕竟承认了在阅读中可以成长的事实。这与其说是她的心路历程，不如说是我赖以写作的根本证据，我们仍属于皮之不存毛将焉附的关系！这些年，

213

纸醉金迷的风暴已把阅读与写作的空间席卷得所剩无几了，苍天在上，就别把一个还在阅读中成长的少女也给掳走摧折了吧。

　　大限当前，我知道属于我的时间已经不多了，生存还是死亡，不能再像哈姆雷特一样当成一个伪问题来踌躇了。我抽出一瓶路易十三，又抽出一瓶皇家礼炮——我觉得侧面进攻的危险系数太大，以我的手无缚鸡之力，务必找一个易取要害的最佳角度，否则就是引火烧身，玩火自焚了。我在后座上磨蹭了会，不打算再爬到前面去——还没想清楚它们能不能将一个脑满肠肥的家伙致死，手就开始哆嗦起来，两个造型怪异的酒瓶在我手里叮当乱响。老车也不管我坐哪儿，只问我找到了没有，是人头马？还是皇家礼炮？他一回头，我就乖乖地给他递上去一瓶，更乖的是，还帮他把瓶盖也起开了。适时音响里正在播放《爱江山更爱美人》这首老歌，老车一手开车一手举着酒瓶打拍子，或者像举着麦克风一样，摇头晃脑跟唱着说，人生短短几个秋啊，不醉不罢休，东边我的美人啊，西边黄河流……

　　东边在背后，有没有美人我看不见，但西边委实有一条河，它是黄河支流金堤河衍生的又一条支流，一度很小，因为工业废水的注入，又因为一夜暴雨，它已有一泻千里的洪水猛兽气象了。举目望去，桥面上也水汪汪的，狼奔豕突着往河里倾注。它横在我们村和白沙村之间，看见它，也算看到家了。但是，此桥已非彼桥，这儿是我和白梦娣当年给黄蒜薹栽树取水的地方，也是老车那个表哥当年中枪身亡的地方，他是为了纪念他才拆毁了原来的桥，专门绕到这儿另建了一座大桥的，取名就叫兄弟桥。我想起那句著名的格言，一个人不能两次踏进同一条河流。两个人是不是就能呢？

　　老车，两件武器少了一件，我越发心虚，很落寞地在后面叫了他一声说，你别又唱又晃的，好好开车啊。

老车嘴对嘴饮了一口酒说，我不是跟你说过吗，没事，在这一亩三分地里，我闭着眼睛也能把车开回家去。想当年，我连摩托车都闭着眼睛开过，还驮着二壶、老一两个狗日的哩。

拜托老车，我说，你今天吹多大的牛逼我都信，就别吹闭着眼睛开车了行不？

不信是不？老车回过头来说，那你蒙上我的眼睛吧，反正也马上就到家了。

我没想到上帝他老人家如此善解人意，天哪，天助我也哪，他竟自己叫我蒙上他的眼睛，他竟自己叫我蒙上他的眼睛，他竟自己叫我蒙上他的眼睛。但是，百无一用是书生，我的手又哆嗦了一下，再一次坐失良机。我不蒙，我说，要闭你自己闭。

操，老车又灌了一大口酒说，我今天非叫你口服心服不行。你从镜子里看好了，我是不是已闭上了眼睛？还不信，那我就扭着头开吧，还不误喝酒划拳说话儿。好久不猜了，来，咱兄弟俩再猜两拳，叫我看看你这些年有长进没有。

划拳是我们小时候常玩的一种游戏，需要点智力，也需要点技巧，更需要点瞎猫碰见死耗子的运气，很刺激，也很带劲，所以我们喝酒时划，不喝酒时也空划，我是早没玩过了。我说行，你一说我也有点技痒了。隔着座椅，我们煞有介事地握了握手，讲好了一些基本的规则，比如一拳一窟窿，即输一次喝一次，概不赊账。我的水平还是很臭，运气也真差，刚扯开嗓门举起四指准备赢他一个五魁首，就叫他一个一指不伸的四季发财给逮住了，连招都没过。

看见了没，老车晃着拳头说，这就叫以静制动，以逸待劳，以守为攻，以不变应万变，以不战而屈人之兵，以兵不血刃而致敌营于溃不成军之境。

老车牛气哄哄的，一边调整了下方向盘，一边一口气说出一大堆的"以"来。我想赖都赖不成，装样子嘴对嘴地碰了一下瓶口，他不愿意，拇指食指比画了寸许的高度，非得亲眼看着我喝下去不行。我觉得老车那一堆的"以"不仅牛气哄哄，甚至还话里有话，一紧张，也豁上了，举瓶干了一大口酒。但我没想到狗日的洋酒那么烈，味道也怪怪的，跟敌敌畏一样，所以虽然仰头咽到了喉咙里，一低头，它们就火苗一样地突围出来，不偏不倚正好喷到目不转睛的老车眼上。老车本来可能想看我笑话的，此刻哪还顾得上，因为我一发不可收，喷泉一样吐了他一脸一头，不光酒，还有未及消化吸收的青椒紫菜麻辣豆腐，以及碎尸万段的粉条肉末海鲜渣子，一股脑地溅到方向盘上，溅到挡风玻璃上。雨刷器再精美也只能刷玻璃外面，里面刷不着，气得老车大骂了好几句"狗日的老班"，奈何睁不开眼了，刹不住车了，酒瓶业已在他的手忙脚乱中滚落，一同滚落的，是适才那一溜易拉罐，在他脚底下稀里哗啦地乱响。狗日的老车，我像扔炸弹一样地扔掉皇家礼炮说，这洋酒我喝不惯，还是给你喝吧。

我喝不惯洋酒，老车喝得惯也喝不成，只见雷电大作，飞起来的劳斯莱斯开始在刺耳的刹车声中剑走偏锋，听上去就像他在一脚踩刹车一脚轰油门一样。弄不好是他的老寒腿恰在此刻发作了也未可知，无论抽筋还是哆嗦，都只会把局面越控制越糟，何况他脚底下还有一堆酒瓶子。斜刺里，车子撞上桥的护栏，噼里啪啦一阵响，挡风玻璃四分五裂，回光返照的车灯聚焦成一团巨大的火球，顷刻间便灰飞烟灭。一只高速运转的轮胎蹿到天上，另一只同样疯狂旋转的轮胎在浪涛上打起水漂，是没什么可以固定束缚它们了，我们则被钳制在车座里，先是凌空冲到对岸的半坡上，又被对岸迅猛地反弹回来，翻着跟头滚到河里去。这一切过程我都是事后才回忆起来的，哪个步骤在先，哪个步骤在后，我已说不清楚，当时可能只顾惊叫了。我们陷在倒扣过来的严重变形的汽车里，陷在爆炸弹开的安全气囊和七扭八歪的座椅里，一动不能动，或者不知道动，脑际一片空白。至少在老车，弥勒佛一样的块头太大太笨重了，动了也白动。劳斯莱斯的安全性能虽好，但是构造也太结实了，靠近我们的窗玻璃，居然一块也没碎。老车尚够不着缺口，我更够不着，或不知道够哪个缺口，只能让汪洋恣肆的河水冲进车厢，直往两个人的嘴里灌。我说过，这正好是流经我们村庄的那条河。我还说过，一个人不能两次踏进同一条河流，谁知两个人也不能，它果然今非昔比了，跟熬过火的药汤一样，又黑又臭。桥是老车修的，桥两岸的一段河坡也是他硬化的，浑浊肮脏的河水更是叫他的化工企业污染的，在他多少有点自食其果，死得其所，但在我呢？终我一生，颠沛流离，拼了命地走啊走，逃啊逃，到头来怎么只跑成了一个不规则的圆圈，从哪里出发又回到了哪里，还是死到老家来了呢？

老班，还是老车先我醒来的，他一边咕咕噜噜地吐着血水一边咕咕噜噜地说，老班你个狗日的到底把老子害了。

都这样了，再争论究竟是谁害了谁还有什么意义呢？可我仍不想平白无故地任他栽赃，也一边咕咕噜噜地吐着血水一边咕咕噜噜地说，狗日的老车你才把老子害了。你明知道老子不能喝酒，你非要灌，喝一回叫老子吐一回，你狗日的咋就不长一点记性？我早听说劳斯莱斯今年因为制动问题召回了一批，你还当个宝贝一样显摆，还逞能，你害得我连我娘最后一面都见不成，连给丈母娘奔丧都奔不成，你狗日的不是成心跟老子过不去？

老班你就嘴硬吧，老车忽然有点指意不明地说，你等着好了，如果有来生，我们还要再做一回狗日的同学。

我本来想说，如果是这样，我宁可不要狗日的来生，但到头来还是说，敢情好啊，我看行。

狗日的老班，老车说，你还记得这个地方吗，知道我那年为什么没把你推到河里去吗？

老子当然记得。我说，因为老子会水，你狗日的推了也白推。

那你现在就认命吧，他说，你狗日的水性再好也白搭了。

你狗日的也认命吧，我说，反正老子也不是一个人死。

你还能动吗，老车说，水是从南边流过来的，你狗日的得把脸扭向北边去。

要扭你扭吧，我大着声说，老子救不了你，总还可以看着你狗日的死了我再死。

你狗日的知道吗，老车也大起声来说，一个人跟另一个人的缘分，就是凑到一块儿死。

我跟你狗日的说过了，我说，这年头的诗人不摔死也得饿死，老子不在乎。

老子才不在乎呢，老车说，这年头的富人不淹死也得撑死，何况还有你狗日的老班垫背哩。

是你狗日的给我垫背。

是你狗日的给我垫背。

是你狗日的给我垫背。

实际上，老车终于拖上了哭腔说，就算有你狗日的垫背，老子也还是壮志未酬。

我又何尝不是，我觉得我也拖上了哭腔说，纵使有你狗日的垫背，老子照样无以瞑目。

狗日的诗人，老车说，你瞑目不瞑目跟老子何干，死到临头你还酸啊？

狗日的富人，我说，老子酸不酸跟你何干，死到临头你还霸道啊？

狗日的诗人。

狗日的富人。

狗日的。

狗日的。

狗。

狗。

纵使豪气干云，一个比一个敢向死而生，也毕竟各自是落水狗了，咬叫的声音渐次微弱，终止于无。这时又有一阵惊雷滚过，数道闪电直击头顶，仿佛嫌我们聒噪，天象也要痛打我们。与此同时，我感觉残余的轮胎业已被迫停止了转动，也像是突然接到了少安勿躁的指令。当车子轻飘飘地沉入河床底部，迅速暴涨的河水的流速越来越快，越来越猛，原本就污染深重到足以致命的河水，泥沙俱下，又流过来树枝子，流过来驴粪蛋子，流过来西瓜皮、破鞋底、苹果核、鸡骨头、卫生巾、避孕套、方便面袋子，以及臭鱼烂虾和怎么分辨也分辨不清是口罩还是乳罩的破布片子。内容丰富的河水从老车那儿流来，在我这儿打一个旋涡，然后再从前窗一个窟窿里流出去。我们倒着头蜷卧在车里，就像当初蜷卧在母亲的肚子里，但那会儿有母亲的血液供我们营养，有连接母体的脐带供我们呼吸，此一时彼一时，所有娶了媳妇忘了娘的家伙，必定在子宫以外的浸泡里窒息。到这时候，到了大脑严重缺氧四肢严重乏力的时候，谁的嘴里都吐字不清，谁的耳洞里都灌满了浊流，怎么听也听不清，这些口舌仗，我不能确定我们是否真正地打过。我们是为了说说我们共同经历的女人才又走到一起的，至少有三个，但在我们死的时候，身边一个女人也没有。

我寻思，怕也不止是没女人，更不见得有来生。涛声滚滚中，浪淘尽一切又好笑又肤浅的恩怨和是非。

第十一章　呓语

　　我很抱歉我没死。我和老车一夜未归，谁都联系不上我们，我家人去老车家找人，老车家人来我家找人，及至找到出事地点，好一番呼救打捞，才兴师动众地将我们两具心跳全无四肢不全的尸首冒雨运到濮阳的急救中心，救活救不活的，死马全当活马医了。我知道，车祸其时，老车所在的空间比我所在的后面狭小得多，他的块头又比我大，受打击面也大，本就比我伤残得厉害，怎么抢救也没抢救过来，我又眼睁睁地看着他撇下我走远了，隔了阴阳两重天。我一个一穷二白的文人，因为没能跟他一起赴死，因而也无缘分享他的身后哀荣。我后来听二壶、老一说，老车葬礼的规模盛况空前，那份隆重和排场，远比黄蒜薹的阴婚煊赫多了。一世枭雄辞世，虽不至于像他生前说的那样，他一死，全市一千万人民都痛失一件宝贝似的哭，但把动静闹大，让旁观者浩叹，让我等没出息的家伙顿感生不如死，老车做到了。据说光花圈就堆积绵延数里地，烧了一整天都没烧完，要多红就有多红，要多火就有多火。我

221

死到半路又活回来，真有点亏了。

愿他老人家一路走好。

我留下了一条基本完好的左臂，但少了4根手指，右臂则惨遭重创，肘部以下的组织全脱离了组织。不是接不上，而是有些骨肉粉碎了，另有一些活不见骨，死不见肉，很可能给水流冲到了异地他乡，或当晚就给鱼虾吃掉了也未可知。我跟老车同学一场，不止一次说过同一天死，有这些器官陪他上路，但愿他不至于走得太落寞。此外，我豁开的鼻子做了手术，头皮上也缝了数十针，还有胸骨，还有脊柱，都有不同程度的骨折和损伤。我妻子闻讯跑来的时候，我还在重症病室里监护着，随时可能转到近在咫尺的停尸房去。她还没在我这里擦干眼泪，岳母那边业已撒手人寰，她又一路哭到聊城的医院去，我弟弟代我祭的奠。老车害人，叫我不敬不孝，终是没能赶上给岳母送行。

也祈愿她老人家在天之灵安息。

我是在一个花香袅袅的深夜一点一点醒来的，距离我失去知觉已是137个小时以后。彼时屋子里花草摇曳，有一溜花篮沿窗摆放，不清楚是同事朋友送给我的，还是前任病人留下的。灯光调得很暗，依稀一片橘黄，红的黄的白的花，绰约妖娆，芬芳迥异。我隐约觉得这情景有些眼熟，一时却想不起在哪里见过。不知何时又跑回来的妻子已趴在床边睡着了，细细的呼吸吹得她耳际的发丝微微地起伏。妻子的睡姿那么像一匹伺机待动的小兽，枕着一条手臂，支着一只耳朵，仿佛梦中还没放松警觉。我想起我们逃婚的情景，前无出路，后有追兵，这个时读大四的没吃过一点苦没受过一点难的小女孩儿，却跟我在码头上这样睡过，在火车上这样睡过，在沿途乡间的麦秸垛上也这样睡过。为了跟心爱的人上路，为了随时随地地出发和突围，她时刻都准备着夺路而逃。那个时候她还说，只要我牵着她的手，她可以跟我跳海，跟我卧轨，跟我把那堆麦秸垛点着，让那些意欲棒打鸳鸯的人——啊，那些亲人——眼睁睁地看着我们凛然就义，如赴一场爱情的绝唱和传奇。

执子之手，与子偕老，那些风雨兼程的流亡生涯哟，叫我此刻罄竹难书。

这一切都久违了，青涩，凄美，恍惚迷离如隔世。上天赐予我一个不离不弃的妻子已是多大的眷顾，我怎么还是背着她惹是生非，当真把她领到了一条越走越黑的道上？对于她，我是不是连负荆请罪的资格都没有了？我想摩挲一下她的头发，像从前一样揽她到怀里，伸过手去，才发现手已经没了，肘部那儿包裹着层层叠叠的棉纱胶布，无端粗壮了许多。待要伸出另一只手，竟发现那个手上也缠满了棉纱胶布，只一根幸存的小指裸露着，聊胜于无。时光一下子回流到三五岁前的田间地头，一个远在天际的声音，轰然抵达到耳际说，当心你的手。

当心你的手，是一个慈父送给儿子最心疼最切肤的一句忠告，我却好了伤疤忘了疼，而今终于满身创伤，一双手也终于只剩下一根被蜜蜂蛰过被父亲救过的小指头了。父亲还给我说过什么，我是不是都当成了耳旁风，又都被一一印证？我本能地悸动了一下，险些不敢辨认自己。妻子一愣神也醒了过来，眼圈又黑又红又肿，不知已多久没睡过一个囫囵觉了。我问她老人怎么样了，孩子怎么样了，她摇着头说，别问了，你心里还会有老人孩子？我觉得这话不对劲，抖动着残指去勾她的手，她躲闪了下，还是递过来了。她递过来我也没法握住她的整只手，她一度小巧纤细的手，对于我一根手指来说显得大了。我连揽过她来也办不到，连给她擦一下泪水也办不到。我都这样了，我绝望地挠了一下她的手心说，你还慌着跑来干什么，怎么也不多为老人守守孝啊。

为一句话，她说，为了澄清它。

为一句话？我的部分脑子还处于短路状态，鹦鹉学舌着说，为了澄清它？

你这几天都在说的一句话，她说，再不澄清不行了。

我这几天都说什么了，我眯瞪着说，啥样的话会说了又说？

妻子把头摇得更厉害了，脸涨得通红，委屈的泪水一下子盈满了眼眶子，如果我此刻不是重伤在身，她一准会扇我的耳光。够了，她说，别装了，掖不住藏不住了，她是谁？

你说谁啊，我唬得要跳起来，却跳不动，只能这么虚张声势地说，你说谁啊。

她是谁你还问我吗，她说，你为她老婆孩子都不要了，命都不要了，丈母娘死到临头都不管不顾了，你心里不最清楚她是谁吗？

好媳妇，我说，我对咱妈愧得慌，你狠狠心别管我了行吗？也好叫我陪陪她老人家去。

陪咱妈？她从鼻孔里哼了声说，请别说那么好听了，是我妈，我用不着你再跟我咱了。连人家老车都不稀罕你跟着死，我妈更不会稀罕。我妈本来还可以多活几天的，可一听说你的破事就再也缓不过来一口气了。我妈死都没有闭眼，你知道我妈给我悬了一辈子心，到死都没有闭眼吗？

真是需要忏悔啊，那么多见不得人的泪水奔来眼底，怎么止也止不住。我依稀看见妻子脸上的泪迹未干，但神情已变得无比冷艳悲愤了，一如当年那个雪地迷途的女生，有一点皮，有一点蛮，还有一点不管不顾的任性和决绝。她母亲刚一咽气她就跑来，究竟孕育了多大的怒火，又究竟要干什么呢？

我在等她。她一字一顿地说。

我等不来她也会找到她。她又说。

天啊，我到底在昏迷中说了一句什么样的混账话呢，又到底是跟谁说的呢，以至于祸从口出，成为另一场战事的引信，一些故人还未走远，新一轮的是非恩怨业已拉开帷幕。接下来，我得当心自己的嘴了。

怕也用不着当心。适值黎明前的黑暗时期，天就要亮了。天从来都不会轻而易举地放亮，有更深厚的夜色蜂拥而至，有浓出水来的潮雾漫进房间。空气流动得滞缓起来，一屋子的花团锦簇在婆娑弄影，暗香袭人。我说不出繁密浓郁的花事，我只是感到我的心力快要衰竭殆尽了。好媳妇，我努力用那根唯一残余的小指头勾住我妻子的衣角说，你听我说。

我不听。她说。

好媳妇，我说，我是想跟你说。

说什么都不听。她又说。

好媳妇，我说，帮帮我，帮我把这些花草弄出去吧。

妻子愣了愣，这一次，她没有说不。

没有说不的妻子风卷残云，很快把房间里洗劫一空。我知道，对于一个突遭横祸的女人，乖一次已是一场巨大的意外，她夹杂于乖中的不乖，我不敢有些许微词，而这样的生活，我确信才仅仅是个开始。

我还确信，尖锐的玻璃削薄了我的脸皮，这次第，我跟谁都羞于说"跟我说爱我"了。

对文明秩序的关注和反思

刘文华

余华说，几乎所有优秀的作家，都处于和现实的紧张关系中。我不便以优秀的作家自许，但我委实与现实关系紧张。在这个娱乐至死的年代里，依然执着于文以载道的理想，妄图还原文学担当与救赎、审美与批判、追问与澄清事物真相的根本精神和要义。不合时宜的审慎态度使我深受其害，写作之旅是以变得格外漫长而又艰辛，我不幸成为一个低产的作家，从文经年，作品无几，满打满算也就十来个中短篇小说。这些少得可怜的文字没少让我汗颜，日前却从一个身患癌症的读者那里得到些许意外的安慰。他夸我小说写得好，吸引力强，生命力也是，即便十多年前写的东西，今天读来仍未过时。我想他之所以这么说，大约缘于阅读分心，他在此间忘了手术的锐痛和不久于人世的畏惧。都说人之将死其言也善，除了我，你大不必拿他的话当真。

具体说《跟我说爱我》。

有几个小说，我是先确定了题目才开始写的，这个《跟我说爱我》也是。记得是2003早春，我遇到这么一句话，跟我说爱我。我觉得有意思，觉得跟传统的"我爱你"比，表达上多了些俏皮会心冷幽默的成分，算是经过了艺术处理，可以直接拿来当小说的题目。当然，那时没想到它会派生这么长的一个小说。

真正动笔写这个小说，是2008年夏天的事，断断续续写到2011年初。我深知，创作过程的长短并不能真正决定一部作品的好坏，归根结底还要看作品自身的品质，要看其有没有传达出敏锐而又关键的信息。我常常想，生活中为什么充斥着血腥暴力，社会上为什么不断坑蒙拐骗，世界各地为什么战火纷飞，那不是别的，一切皆缘于不文明或文明程度不高。当世道人心严重倾覆，当我们赖以生存的山川河流业已大面积毁损，我想说，也许只有文明或更高程度的文明，才能最终拯救这个世界，并重新确立人类社会的秩序。我觉得我找到了我努力的方向，我一生为之鼓与呼的主题，在作品中点燃并且传递文明圣火，就此成为我孜孜不倦的追求。尽管愚顽的力量通常会摧毁我苦心构造的童话城堡，每个小说写到最后我必经历一次万劫不复，但舍此以外，我不知还有什么办法可以稍微唤起现实世界对文明秩序的关注和反思。我怀揣着伤痕累累的梦想，奢望某一天醒来，文明的阳光已洒遍天涯，目光所见皆绅士淑女，触手可及皆草长莺飞。看到这儿，我想我不用多说你也猜到了，《跟我说爱我》这个看上去有点风花雪月的题目，负载的并不是一个只关风月的故事。

我在小说中交叉写了两个人的成长和际遇，一经商，一写诗。在这个物质得过分的年代里，在这个自行车上的笑远不如宝马车上的哭更蛊惑人心的年代里，一穷二白的诗人发出"跟我说爱我"的呼喊，既有点枉自多情，也有点痛心疾首；既像是痴人说梦，也像是当头棒喝，仿佛一句口号，跟这个世界打了一个别样的招呼。我一度觉得它的意义还可以引申和多解，我期待并且愿意相信，自有仁者从中见仁，智者从中见智。

　　今年6月，我右脚底一颗黑痣因感染做切除植皮手术，稍后接到罹患不治之症黑色素瘤的凶讯。看到这儿，你一定又猜到了，开头的那位读者是睡在我邻床的病友，我们俩一度惺惺相惜。当我开始盘点我短命的一生，历数我来不及完成的憾事，我发现，至少还有这部小说让我死不瞑目。

图书在版编目（CIP）数据

跟我说爱我 / 刘文华著. –– 南昌：百花洲文艺出版社，2016.7
ISBN 978-7-5500-1807-5

Ⅰ.①跟… Ⅱ.①刘… Ⅲ.①长篇小说 – 中国 – 当代 Ⅳ.①I247.5

中国版本图书馆CIP数据核字(2016)第146110号

跟我说爱我

刘文华　著

出 版 人	姚雪雪
责任编辑	胡青松
美术编辑	赵　霞　方　方
制　　作	张诗思
出版发行	百花洲文艺出版社
社　　址	南昌市红谷滩世贸路898号博能中心A座20楼
邮　　编	330038
经　　销	全国新华书店
印　　刷	江西金瑞彩印有限公司
开　　本	787mm×1092mm　1/16　印张　15
版　　次	2016年9月第1版第1次印刷
字　　数	160千字
书　　号	ISBN 978-7-5500-1807-5
定　　价	29.00元

赣版权登字　05-2016-196

版权所有，侵权必究

邮购联系　0791-86895108
网　　址　http://www.bhzwy.com
图书若有印装错误，影响阅读，可向承印厂联系调换。